和菓子の二十四節気

おうちで作る、季節を楽しむ

大須賀麻由美 著
三好貴子 イラスト
東京製菓学校 監修

世界文化社

はじめに

日本の風土の中で育まれ、私たちの暮らしに深く根ざしてきた和菓子は、四季折々の美しさを映し出し、特別な日に願いを込めて食されてきました。しかし、時代の変化とともに、伝来行事を大切にする習慣も薄れつつあり、和菓子を手に取る機会が減少しています。

和菓子は、甘いお菓子というだけではなく、日本の暮らしや文化と深く結びついています。たとえば、端午の節句にいただく「柏餅」。餅などを柏の葉に包むのは、「柏の葉は、新芽が出るまで落ちないこと」にあやかっています。家族子孫の繁栄や子どもの健やかな成長を願う意味が込められているのです。また、「水無月」は夏の暑さを乗り越え、これからの半年も健やかに過ごせるようにとの願いとともにいただくお菓子です。

このように、和菓子は食べ物の枠を越え、祈りやお祝いの象徴として、日本人の暮らしに寄り添ってきました。

残念なことに、最近では和菓子を食べたことがない子どもたちも増えています。見た目の美しさ、味わいの奥深さ、そして季節感を楽しむことができるこの素晴らしい食文化を日本に生まれたからこそ、もっと触れ、その魅力を感じてほしいと願っています。

本書では、和菓子を二十四節気とともに紹介しています。二十四節気とは、太陽の動きをもとに一年を二十四に分けたもので、古来、日本人の暮らしに根付いてきたもののひとつです。

私たちの祖先が大切にしてきた季節の移ろいを、和菓子とともに感じていただければと思います。

和菓子は、ただ古いものではなく、時代を超えて愛され続けてきました。今の時代にも合わせた形で楽しみながら、次の世代に繋げていければ幸いです。ご紹介しているレシピはご家庭で作りたての和菓子を味わえるよう工夫しています。本書を通じて、和菓子とともに季節の移ろいを愛でながら、その豊かさを次の世代へ伝えていくお手伝いができればと思います。

この本が、和菓子の魅力を再発見し、和菓子をより身近な存在として楽しんでいただくきっかけとなることを願って——。

大須賀麻由美

和菓子職人、パティシエール、ブーランジュリー。東京・赤坂の日本料理割烹店に生まれる。慶應義塾大学法学部法律学科卒業。会社員を経て、製菓製パン業界に転身。アレルギーの人が食べられる食材を探す中で和菓子の魅力を再認識し、和菓子の世界へ。東京製菓学校卒業後、老舗和菓子店での修行を経て、独立。個別注文によるオーダーメイドの和菓子作りのほか、和のお菓子教室、講演、イベントなど幅広く活躍中。著書に「本格あんこが作れる本」（弊社刊）

目次

日本人の暮らしと二十四節気

旧暦と新暦

現在、私たち日本人が日常的に使っている暦は「新暦」、あるいは「太陽暦」と呼ばれます。この「新暦」が採用されたのは明治6年のこと。それまで、日本で親しまれていたのは「旧暦」、「太陰太陽暦」でした。新暦と旧暦。暦が違うと、ひと月近くの差が生じます。それは太陰太陽暦が新月から次の新月までをひと月とする太陰暦をベースにしているから。季節のずれを修正するために太陽の運行も参考にした太陰太陽暦は、古代中国で始まり、奈良時代には日本に伝わったともいわれています。

新暦が根付いたのちも、日本人の暮らしに密接に関わる昔からの暦がなくなることはありませんでした。新暦に移行せず、昔ながらに旧暦で行う行事や祭りもあり、その名残をとどめます。月の満ち欠けに関係する十五夜や十三夜などはその筆頭でしょう。一方、雛祭りや端午の節句、七五三などは新暦に移行して行うところが多いようです。

二十四節気とは

太陰太陽暦では、実際の季節とのずれを閏《うるう》月で補っていましたが、さらにそのずれを修正するために古《いにしえ》の中国で生まれたのが「二十四節気」です。太陽が地球を一周する日数を24等分し、1節気をおよそ15日ごとに区切りました。季節の移り変わりに合わせて、農作業や行事を行う目安となる二十四の日が設けられたのです。古代中国から大切にされている五節句*と合わせ、二十四節気は日本にも伝来。しかし中国で作られた暦は、日本の季節の移り変わりとは多少異なります。そのため二十四節気とは別に、日本の気候に合わせた「雑節《ざっせつ》」**も設けられ、農事の目安として親しまれるようになりました。各節気には、さらに初候・次候・末候に分類した「七十二候」も設けられています。もともとは中国由来ですが、こちらも日本の気候風土に合わせて改訂されています。

日本の人々は一二〇〇年にも亘り、二十四節気や雑節を軸として日々の暮らしを紡いでいたのです。「立春」や「春分」「秋分」、「夏至」「冬至」など、今も移ろう季節のよりしろの一つとして、いくつかの節気は日常の中に深く溶け込んでいます。

二十四節気は、四季に恵まれ、豊かな自然とともに過ごしてきた日本人の知恵と生活感が詰まった、大切な暦なのです。

＊ 五節句＝人日の節句（1月7日）、上巳の節句（3月3日）、端午の節句（5月5日）、七夕の節句（7月7日）、重陽の節句（9月9日）

＊＊ 雑節＝節分、彼岸、社日、八十八夜、入梅、半夏生、土用、二百十日、二百二十日。

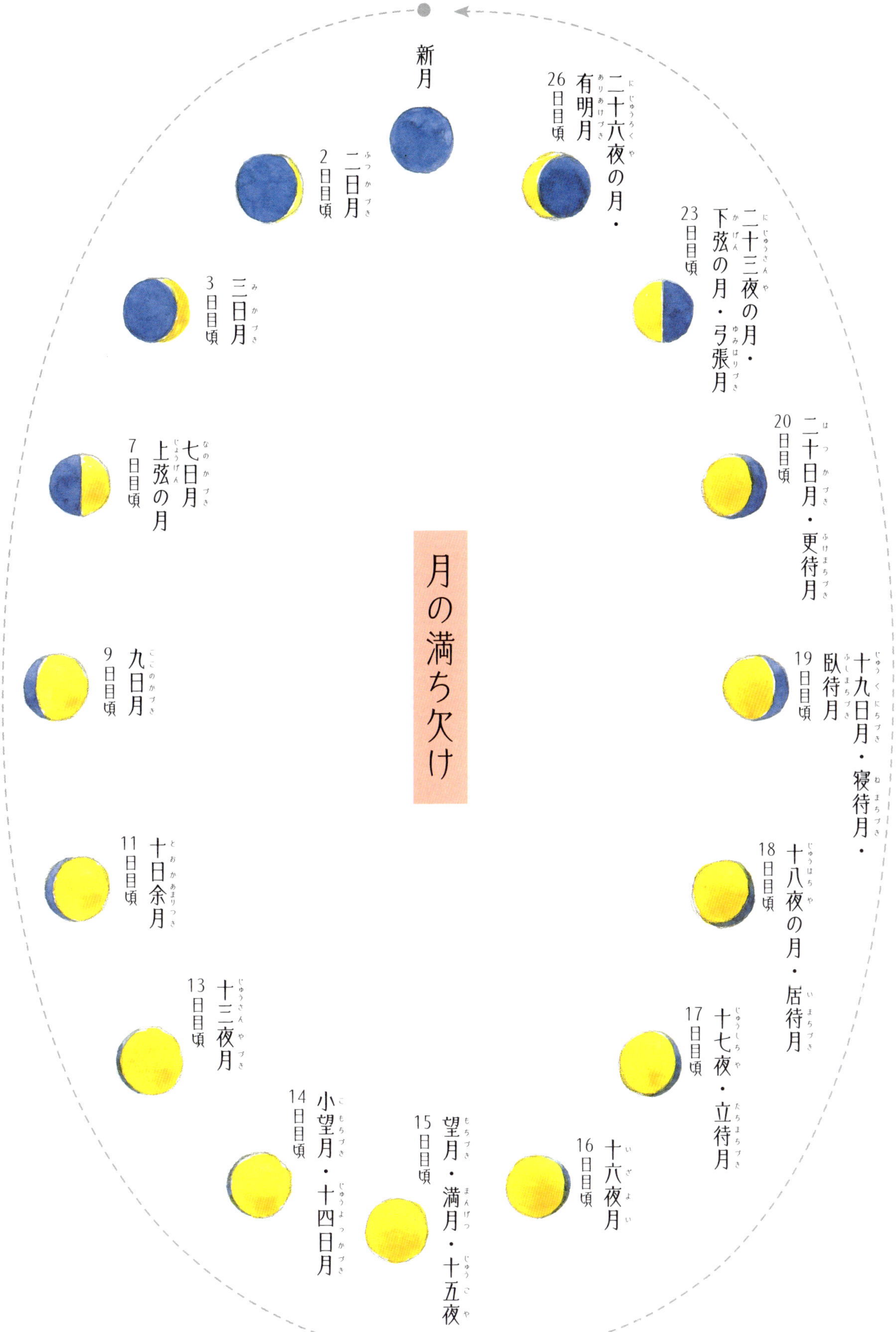
月の満ち欠け
新月
二日月《ふつかづき》
2日目頃
三日月《みかづき》
3日目頃
七日月《なのかづき》
上弦《じょうげん》の月
7日目頃
九日月《ここのかづき》
9日目頃
十日余月《とおかあまりづき》
11日目頃
十三夜月《じゅうさんやづき》
13日目頃
小望月《こもちづき》・十四日月《じゅうよっかづき》
14日目頃
望月《もちづき》・満月《まんげつ》・十五夜《じゅうごや》
15日目頃
十六夜《いざよい》月
16日目頃
十七夜《じゅうしちや》・立待月《たちまちづき》
17日目頃
十八夜《じゅうはちや》の月・居待月《いまちづき》
18日目頃
十九日月《じゅうくにちづき》・寝待月《ねまちづき》・
臥待月《ふしまちづき》
19日目頃
二十日月《はつかづき》・更待月《ふけまちづき》
20日目頃
二十三夜《にじゅうさんや》の月・
下弦《かげん》の月・弓張月《ゆみはりづき》
23日目頃
二十六夜《にじゅうろくや》の月・
有明月《ありあけづき》
26日目頃

この本の使い方

和菓子を作る上でのコツなどをポイントとしてご紹介しています。

和菓子の作り方の難易度を示しています。
★　初心者でも。
★★　和菓子作りに慣れた方に。
★★★　プロ並みの技術が必要。

節気を象徴する和菓子です。作り方は左ページに。

節気の和菓子をもう一品。洋のテイストを加えたものも。

ねりきりの菓子などは分かりやすくするため、1個分で表示しています。複数作る場合は、個数分を掛けた材料を用意してください。

材料表に「粒あん」「白あん」など、あんの種類が明記されているものはそのあんがおすすめ。「あん」とある場合は、お好みのあんでお作りください。電子レンジは600W、大さじ1は15mℓです。

二十四節気にちなんだ「菓子と食の風物詩」。食卓の風景や食習慣などの蘊蓄《うんちく》がたっぷり。

米粉の種類

＊異なる製法を行っている場合もあります。

- うるち米 → 水洗い → 乾燥する
  - → 細かく挽く → 上新粉
  - → さらに細かく挽く → 上用粉（薯蕷粉）
- 餅米 → 水洗いまたは浸漬
  - → 蒸す
    - → 乾燥する → 道明寺粉
      - → 軽く焙煎する → 新引粉（真挽粉）
    - → 餅にする
      - → 軽く焙煎して乾燥 → 味甚粉
      - → 乾燥して粉砕 → 寒梅粉
  - → 乾燥する → 粗目～中粗目に製粉 → 餅粉
  - → 水挽きする → 脱水・乾燥 → 白玉粉

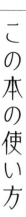

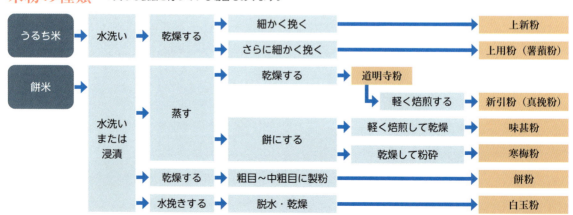

春

立春
雨水
啓蟄
春分
清明
穀雨

春の風物

立《りっ》春《しゅん》

二十四節気の一番手。文字通り「春立つ」時節で、暦の上ではこの日から春が始まります。

まだまだ寒い日が続くとはいえ寒さは峠を越し、日差しは日増しに春めいて万象が目覚める季節となります。早春の花々も蕾をふくらませ、なかでも「百花のさきがけ」といわれる梅の花は寒さの残る早春に咲く花です。

この前日が節分で、春が始まる前に厄を払い、新たな二十四節気の幸いを願います。また二月八日には針供養が行われ、二月最初の午の日には全国の稲荷神社で初午祭りが行われます。京都の伏見稲荷大社では商売繁盛、家内安全の御符「しるしの杉」が参拝者に授与されます。

雨《う》水《すい》

立春後十五日目にあたります。春が訪れ、やわらかな日差しのもと土中の寒さもゆるみ、早くも草の芽が目覚め始めます。雪は雨に変わり、積もっていた雪や氷も溶けて水となる時期です。

雨水は古来、農耕の準備を始める目安となる日であるとされ、この頃、青森県八戸市では豊作を祈願する伝統行事の「えんぶり」が行われます。勇壮な予祝の田植え踊りです。

三月三日は雛節句。新暦、旧暦いずれかの三月三日に流し雛を行う地方もあります。白い紙の人形「形代《かたしろ》」で体を撫でて汚れを人形に移し、川や海に流したのが始まりで、女の子の健康や幸せを願う行事です。

啓《けい》蟄《ちつ》

土中で冬眠していた虫たちが暖かさに目覚めて地上に姿を現わすのがこの時期です。冬のこもり（蟄）をひらく（啓）のです。蛇出づ、蛇穴を出づ、地虫穴を出づなども同義。冬ごもりから解放されて、いよいよ命を謳歌する季《とき》の訪れです。水も温《ぬる》み、河川や湖沼の魚たちも動き始めます。ふきのとうもそこかしこに顔をのぞかせます。

三月一日〜十四日は奈良東大寺のお水取り。二月堂で行われる修二会《しゅにえ》と呼ばれる法会で、十二日の夜には本尊に供える香水を汲み上げます。関西ではお水取りが終わると暖かくなるといわれます。

春《しゅん》分《ぶん》

いよいよ本格的な春の到来です。木々は芽吹き、花々も次々と咲き始め、春の訪れが実感される時期です。各地から桜の開花の便りももたらされます。蕨《わらび》やぜんまいをはじめ山菜が萌え出でるのもこの頃です。

春分とは太陽が天の赤道を南から北へ横切る春分点を通過するときで、この日、太陽は真東から昇って真西に沈み、地球上すべての地域の昼夜の長さがほぼ等しくなります。この春分日は一九四八年に「春分の日」として祝日に制定されました。春の彼岸の中日で、その前後三日ずつの七日間に寺や墓にお参りして先祖の供養をします。

清《せい》明《めい》

春分から十五日目にあたります。清明とは天地万象が清らかに明るく輝くことを表し、まさに花々は咲き、緑は生気にあふれ、爛漫の春です。その春の山の明るく生気にあふれた姿は「山笑う」と言い表されます。

四月八日は、花祭りの名で親しまれている、釈迦の誕生を祝う灌仏会が各地の寺院で行われます。

鎮花祭は花鎮めの祭りともいわれ、桜の花が散る頃に流行る疫病を鎮める行事が始まり。沖縄では旧暦の清明に先祖供養の清明祭《シーミー》が、関西では四月十三日に十三歳の男女が虚空蔵菩薩に詣る十三参りが行われます。

穀《こく》雨《う》

百穀を潤す春雨です。穀物の発芽を促し、春に植えた農作物の成長を助け、実りをもたらす大切な雨とされてきました。花々も木々の緑も潤います。菜の花も盛りのときで、長く続く雨を「菜種梅雨」と呼んだりもします。

四月二十九日から五月五日までの七日間、京都市中の壬生寺で行われる大念佛会「壬生念佛」では期間中、境内の大念佛堂で壬生狂言が行われます。立春から八十八日目は五月二、三日にあたり、農家は種まきや養蚕の準備、茶摘みに忙しいときです。海では鯛が獲れ盛る頃で、陸ではツバメの子育ての季節。巣立ちまで親ツバメの餌運びが続きます。

立春

［太陽暦
2月4日ごろ］

梅
（春の訪れ）

この日を境に春が訪れるとされる立春。寒さをついて一番に咲く「百花のさきがけ」、梅をモチーフにしました。寒風の中、春を待つ一輪の梅。ういろう生地の柔らかな風合いを生かし、紅色で優しくぼかしています。

ういろうの生地の色を変えれば、紅梅・白梅に。

材料・5個分 ★★☆

梅あん　65g
＊p38の「梅あんの作り方」を参照

ういろう生地　125g
＊p94の「基本のういろうの作り方」を参照

飾り用の黄色のういろう生地　少々

作り方

1. 片栗粉（分量外）を手粉《てごな》にして、ういろう生地を5等分する。
2. 梅のあんを13gずつの5等分にして、丸める。1の生地で包み 1 、閉じめを下にして丸くする 2 。
3. 三角べらなどを使い 3 、5弁に切り込みを入れる。飾り用の黄色のういろうを小さく丸め、中央に置く。

Point!
梅あんのほか、なめらかな口どけの白あんもおすすめです。

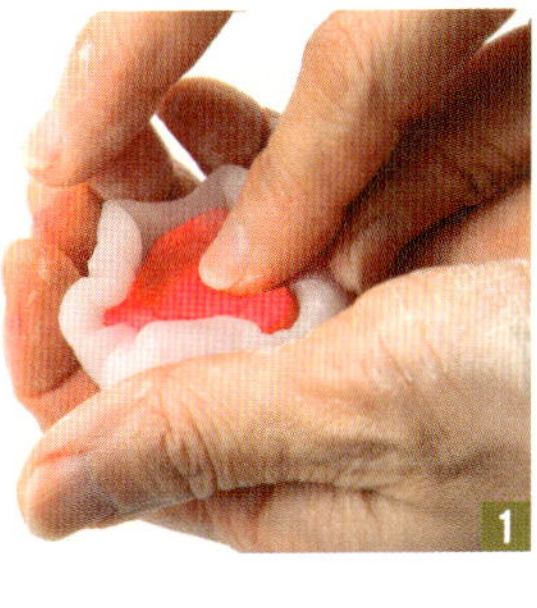

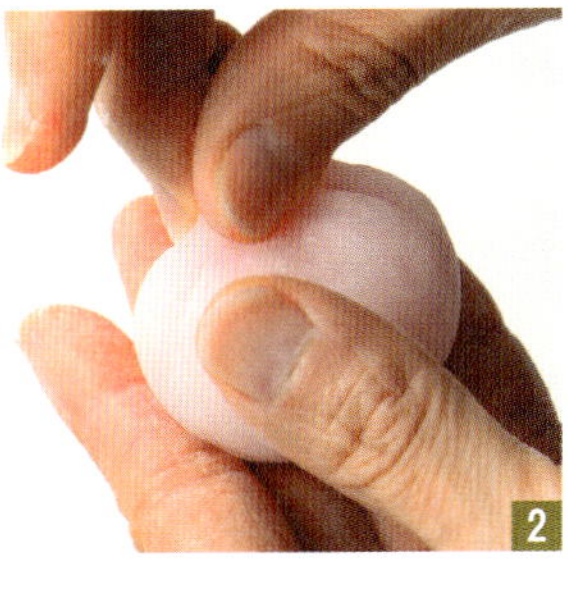

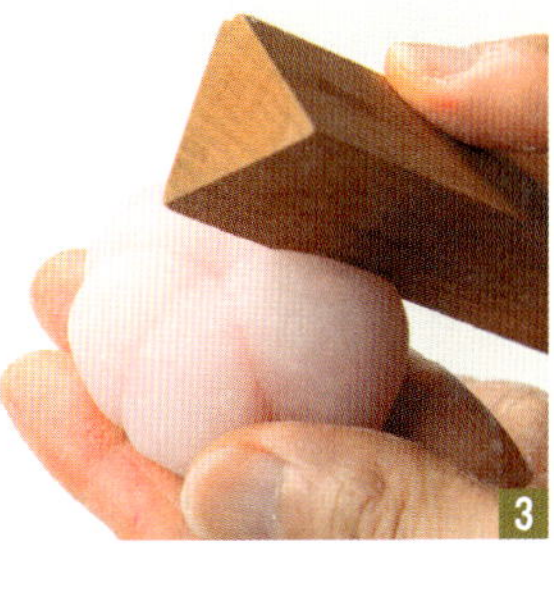

バレンタイン（フランボワーズ餅）

2月14日はバレンタイン。ちょっと気分を変えて、小さな赤いハートのお餅をプレゼントにしてみてはいかがでしょうか。白玉粉ベースのふんわり生地にほんのりと甘酸っぱいラズベリーが香り立ちます。手のひらに収まるほどの小さめサイズがおすすめ。

材料・5個分 ★☆☆

生地
　白玉粉　20g
　水　13g
　フランボワーズのピュレ　26g
　上白糖　40g
シロップ（砂糖1対水2を煮溶かしたもの）　適量
フランボワーズあん　30g
*p38の「フランボワーズあんの作り方」を参照
銀箔　適量

作り方

1. 生地を作る。フランボワーズのピュレと水を混ぜる。
2. 白玉粉に1を少しずつ加え、粉の粒をつぶしながら混ぜる。なめらかな生地になったら、残りの1を加え、混ぜ合わせる。
3. 2に砂糖を混ぜ入れ、ふんわりとラップをして電子レンジにかける。1分ずつ入れて様子を見て、その都度ゴムべらで混ぜ、生地がふわふわになるまで何回か繰り返す。
4. 余熱が取れたらシロップを手水にし、3の生地を15gずつの5等分にする。
5. 1のフランボワーズあんを5等分し、4の生地で包む。へらなどを使ってハート形に窪ませ、最後に銀箔をあしらう。

梅の菓子を楽しむ

梅は寒さをついて春一番に咲く花です。待ちに待った春を告げる吉祥の花でもあります。それゆえ梅を意匠した菓子は早春の菓子として喜ばれてきました。

ことに梅は種類も多く、異称も多いことからデザインが多様で、見るだけでも大変楽しいものとなっています。茶席でもこの時期は梅の菓子が重用され、菓子の意匠と併せてその銘も茶席の話題になったりします。梅の菓子の銘で寒紅梅、未開紅などは梅の種類、「此の花」は梅の異称です。

「ねじ梅」「ねじり梅」は梅の花びらを立体的に図案化したもの。ねりきり、こなし、求肥製などのほか、打ち菓子にも種々の意匠が見られます。正面から見た梅花を図案化したものは「梅鉢」と称されて、最中や焼き菓子などに見られます。

「梅に鶯」と取り合わされるように、この時期は鶯の初音が聞かれる頃です。鶯餅は餡《あん》を包んだ餅の両端を少しつまんで青きな粉をまぶした餅菓子。色と形から名づけられたもので、きな粉の香ばしさが懐かしい味です。

二月十四日はバレンタインデー。日本では女性から男性に愛の告白をしてチョコレートを贈るとされます。

梅の菓子いろいろ

梅

ねじり梅

こぼれ梅

寒紅梅

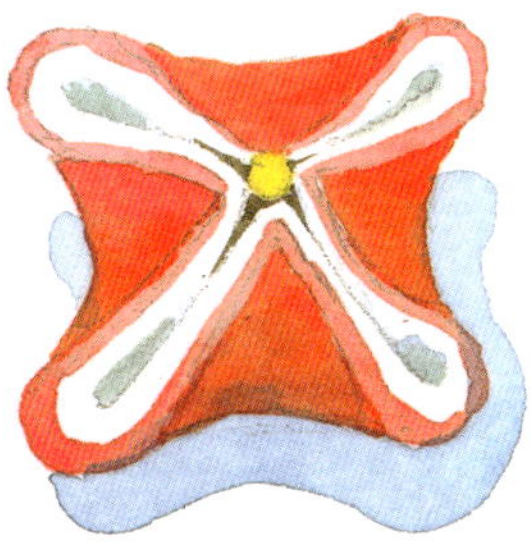
未開紅

雨水

［太陽暦
2月19日ごろ］

お雛様《ひなさま》とお内裏様《だいりさま》

女の子の健やかな幸せを願う雛祭りは、春色のねりきりのお雛様でお祝いしましょう。ころりとした愛らしいお二人、梅文様のお着物がお似合いです。桃の花や甘酒を添えて、小さな雛壇を作ってみるのも素敵です。

桃のねりきりは、お雛様とお内裏様をアレンジして作ります。着物の部分を白のねりきりに、顔の白のねりきりをピンクのねりきりにして、同じように包んでいきます。

材料・2個分 ★★☆

あん　26g
白のねりきり　6g
＊p66の「基本のねりきりの作り方」を参照
緑のねりきり　22g
ピンクのねりきり　22g
飾り用の黄色のねりきり　適量

作り方

① あんを2等分し、丸める。白のねりきりも2等分にする。
② お内裏様を作る。緑のねりきりを丸めてから両手のひらで押し、直径約4㎝の円形に広げる。
③ ②で①のあん1つを包む[1]。閉じめを下にして[2]、丸い形に整える。
④ ①の白のねりきり1つを、③の上部に貼り[3]、指を使ってぼかすように伸ばす[4]。
⑤ 三角べらなどを使って線を描き[5]、竹串の背で梅の柄を作り[6]、着物の模様にする。
⑥ お雛様を作る。ピンクのねりきりを丸め、②〜⑤と同様の手順を行う。
⑦ 飾り用の黄色のねりきりで勺と扇を作り、お内裏様とお雛様に飾る。

Point!

色の異なるねりきりを上にはり、境目がないようにきれいにぼかす手法は「はりぼかし」と呼ばれます。他にも「三部ぼかし」「包みぼかし」などの手法などがあります。

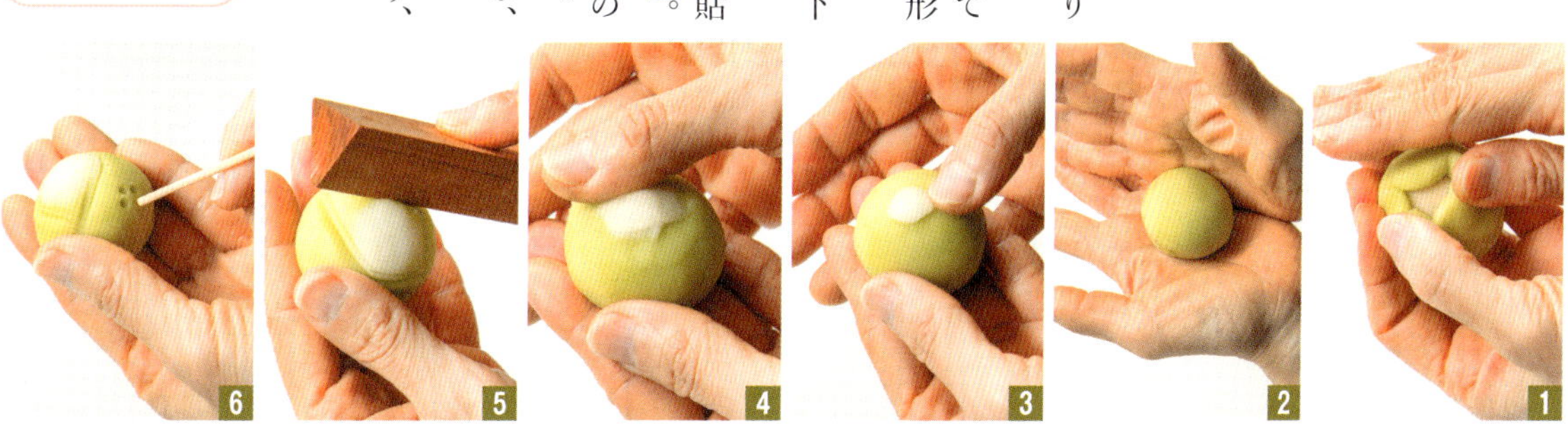

梅にうぐいす

『万葉集』にも「春されば ををりにををり うぐひすの 鳴く我が山斎《しま》ぞ やまず通はせ（古歌）」など、梅やうぐいすをテーマにした歌が多く残ります。梅の型で作った立体感のある梅に寄り添うように、ねりきり製の「春告げ鳥」を添えました。

材料・1個分 ★★☆

ピンクのねりきり　16g

＊p66の「基本のねりきりの作り方」を参照

白のねりきり　9g

あん　13g

飾り用の黄緑のねりきり　適量

作り方

1. 白のねりきりでピンクのねりきりを包み、手のひらで全体を平らにして、あんを中心に置き、包む。
2. 閉じめを下にして形を整え、梅の木型に軽く押し当てて、表面に模様を作る。
3. 黄緑のねりきりをうぐいすの型で抜き、飾る。

Point!

木型は一度水にくぐらせ、かたく絞った布巾で拭いてから使用すると生地がくっつきにくくなります。

雛の節句と和菓子

三月三日は雛の節句。この日に向けて雛人形を飾り、桃の花を飾ります。雛祭りの菓子は菱餅、草餅のほか、桃の花を意匠したもの、雛人形を写したこなしやねりきりの菓子などが喜ばれます。

菱餅は色違いの三段重ねが一般的で、上から薄紅、白、緑となりますが、地域によっては五枚を重ねるところもあるといわれます。紅は「魔除け」、白は「清浄」または「子孫繁栄」、緑は「健康」を意味するといわれ、色重ねの順も白い雪の下で草が芽吹き、雪の上には桃の花が咲く様とされ、まさに初春の情景を表す菓子といえます。

雛あられは煎った米に豆を炒り混ぜ、砂糖をまぶしたもので、米の代わりにあられ餅を用いることもあります。

祝い膳にはちらし寿司にはまぐりの吸い物がつきものです。はまぐりは対のもの以外は合わないことから、貞節に喩えられて用いられるものです。白酒も欠かせません。

流し雛の風習は雛祭りの原点ともいわれ、紙で作った人形を川や海に流して女の子の健やかな成長を願うものです。近年、多くは新暦で行われますが、旧暦で行われるところも残っていて、鳥取県の「もちがせ流しびな」は日本を代表する民族行事の一つとなっています。

流し雛

啓蟄

［太陽暦
3月6日ごろ］

草《くさ》餅《もち》

草の香りが邪気を払うともいわれることから、上巳の節句に母子草（ゴギョウ）などを混ぜた餅を食べる風習があったとか。春を代表するおなじみの和菓子です。生のよもぎを使うと、香りはより清々《すがすが》しく。

草餅はさまざまな形にできるのも楽しみの一つです。おなじみの丸みのある形、巾着型など、最後の成形でお好みに整えて。

材料・6個分 ★☆☆

餅　180g　＊p123の「簡単な餅の作り方」を参照
よもぎパウダー　3g
熱湯　大さじ1
（またはゆでたよもぎ　4g）
シロップ（砂糖1対水2/3を煮溶かしたもの）　適量
あん　90g

作り方

❶よもぎパウダーを熱湯で溶き、水気を絞る。ゆでたよもぎを使う場合は、水気を絞ってみじん切りにする。
❷シロップを手水にし、p123の手順で作った餅に❶のよもぎを少量ずつ加え 1 混ぜ合わせる。
❸❷の餅を30gずつに切り分ける。あんは15gずつの6等分にする。
❹餅の中央にあんを置き、包む 2 。くわいの形にする場合は、全体を丸め 3 、上の餅を人差し指と中指ではさんで 4 、そのまま上に引っ張り、しゅっと切る 5 。

三色団子と菱《ひし》餅《もち》

桜のピンク、雪の白、早春の緑とも、桜の咲く順番ともいわれるこの三色。春を待ちわびる古の人々の想いが伝わる色合いです。江戸時代には、緑は草餅を使っていたともいわれています。16ページのお雛様とお内裏様とセットにしても。

材料・三色団子2本分と菱餅1個分 ★☆☆

餅　180g　＊p123の「簡単な餅の作り方」を参照
色素（赤）　適量
よもぎパウダー　3g
熱湯　大さじ1

作り方

❶餅を3等分し、ひとつは赤でピンクに着色をする。もうひとつはp21の「草餅」の作り方❶❷の手順で草餅にする。
❷❶の3色の餅をそれぞれ2等分し、ひとつを三色団子用、もうひとつを菱餅用にする。
❸三色団子を作る。❷の三色団子用の3色の餅をそれぞれ15gに分けて丸め、竹串に刺す。
❹菱餅を作る。❷の菱餅用の3色の餅を菱形に伸ばす。緑、白、ピンクの順で重ねて、ナイフなどできれいな菱形に整える。

Point!

餅が手にくっつきやすい場合は、シロップを手水にして作業をしてください。草餅の代わりに、緑に着色した餅を使っても。

春の若草の色と香りを楽しむ

三月の声を聞くと地中の温度も上がって草は萌え、やがて若葉となり、草若葉、若草と呼ばれます。その若草の色と香りを生かしたのが草餅です。

草餅の起源は中国にあります。旧暦三月の最初の巳の日は上巳の節句として中国では祓《はら》えを行い、草の香りが邪気を払うとして草餅を食べる習わしだったといいます。これが日本に伝わり、宮中では祓えを行い、曲水の宴を催しました。民間では女児を祝う日として草餅や白酒を食したとされます。これが江戸時代以降に人形を飾る雛の節句になりました。

草餅は母子草《ははこぐさ》の若葉を混ぜて搗いた餅で、母子餅《ほうこもち》とも青餅とも称されました。母子草は春の七草のひとつの「ごぎょう」です。現在は母子草に代わって多くは蓬《よもぎ》が用いられます。母子草よりも香りがよく、蓬餅とも。かつては家庭で母親が子のために手作りにしたもので「草餅の濃きも浅きも母つくる」(山口青邨)などと詠まれました。

草餅には丸形のほかさまざまな形があり、くわい形はくわいは芽が出ることから立身出世を、巾着形は金運上昇を、はまぐり形は生涯連れそう人と巡り会えるようになど、その形に祈りがこめられています。

草餅の形いろいろ

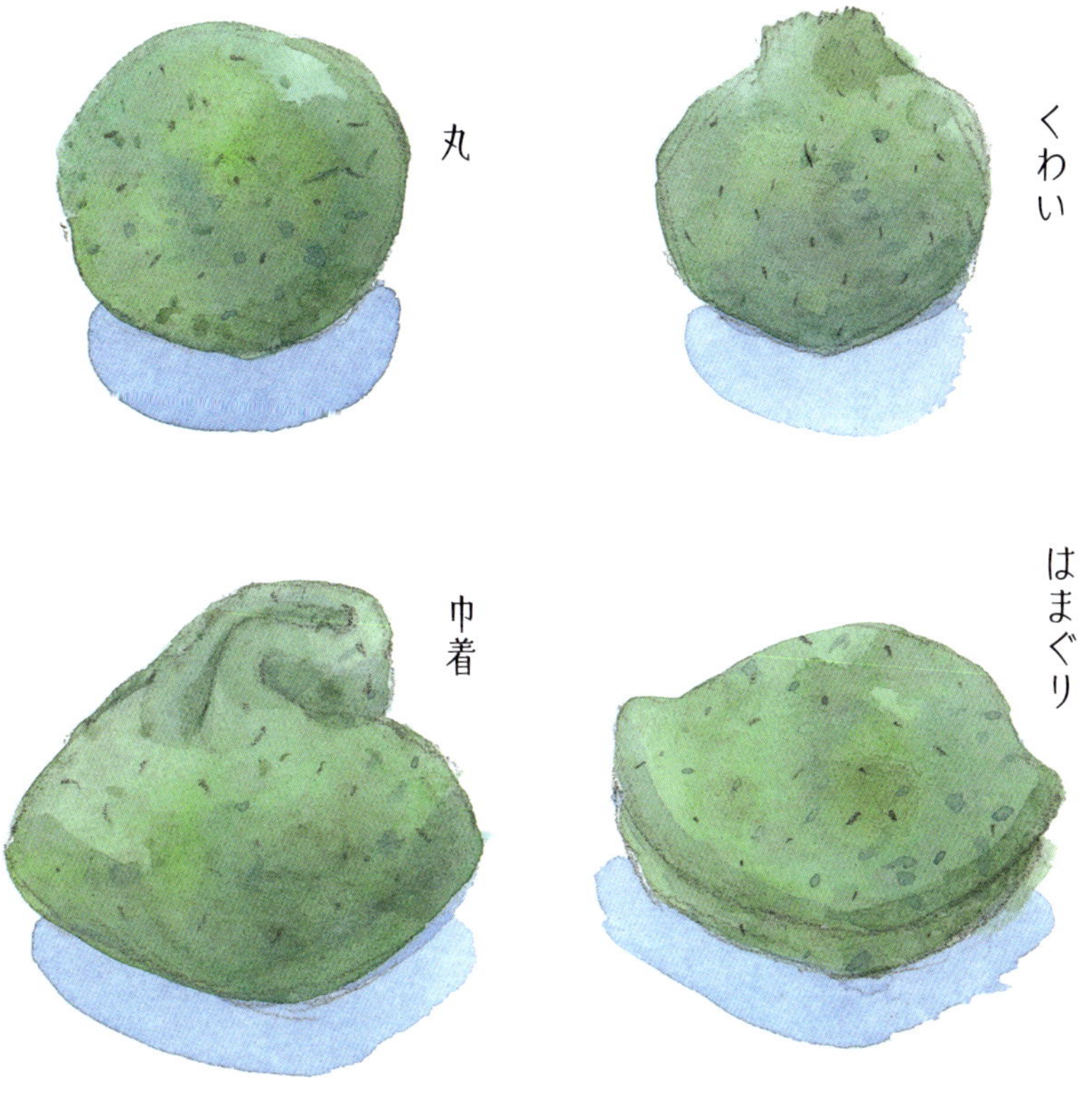

春分

［太陽暦 3月21日ごろ］

道《どう》明《みょう》寺《じ》の桜餅

桜の季節といえば、桜の葉に包まれた香り豊かな桜餅。江戸のころより人々に愛されている味わいです。道明寺の生地で包むこのスタイルは関西が始まりだとか。一方、関東は小麦粉の生地であんをくるむスタイル。お好みはどちらですか。

菓子の形は俵形でも円形でも。トッピングに桜の花の塩漬けをのせると、ぐっと春めきます。

材料・5個分 ★☆☆

あん　75g
生地
　道明寺粉　60g
　ぬるま湯　80g
　色素（赤）適量
　上白糖　12g
シロップ（砂糖1対水2を煮溶かしたもの）適量
桜の葉の塩漬け　5枚

作り方

1 あんを15gずつの5等分にし、丸める。
2 生地を作る。道明寺粉とぬるま湯を合わせ、色素を入れてピンクに着色し 1、混ぜる。ラップをかけ、そのまま15分置く 2。
3 湯気の上がった蒸し器に入れ、20分蒸す。
4 取り出してボウルにあけ、上白糖を入れて混ぜる。小分けにして粗熱を抜く 3。
5 シロップを手水にして、4の生地を30gずつに分ける。
6 1のあんを、5の生地で包み 4、俵形もしくは丸形にする 5。
7 桜の葉の塩漬けは水につけてから取り出し、キッチンペーパーで水気を拭く。6を桜の葉でくるむ。

Point!

桜の花の塩漬けをあんにのせる場合は、適量を水に数分ほどつけ、塩気を抜いて水を絞っておきます。

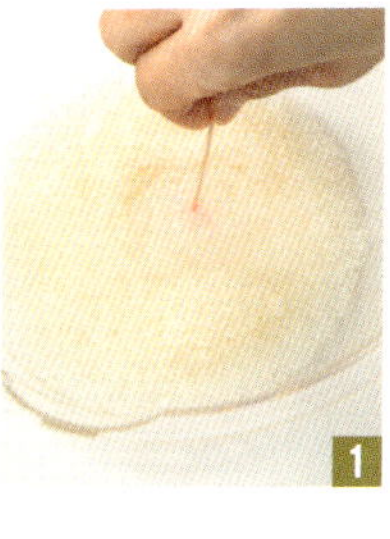
1

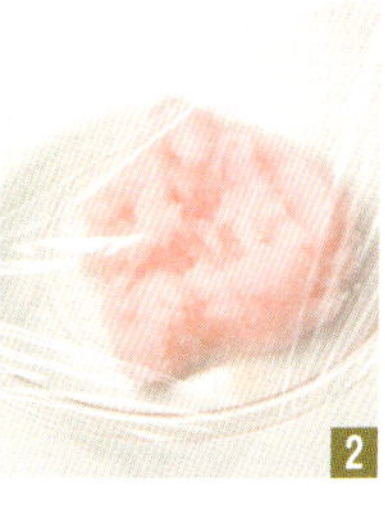
2

3

4

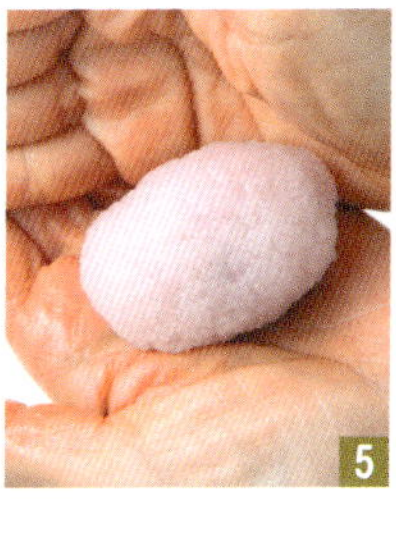
5

ぼた餅

ご飯を使わず、道明寺粉で作る5色のお手軽ぼた餅です。粒あん、こしあんのぼた餅には生地の回りにたっぷりのあんをつけて。きな粉、青のり、黒ごまには、中にあんを入れています。

材料・5個分 ★☆☆

中に包む用（きな粉、青のり、黒ごま分）
あん　30g

生地
道明寺粉　50g
熱湯　100g
上白糖　6g

外を包む用
粒あん、こしあん　各20g
きな粉、青のり、黒ごま　各適量

作り方

1. 中に包む用のあんを3等分し、丸める。
2. 生地を作る。ボウルに道明寺粉を入れ、熱湯を注ぎながら混ぜ、なじむまでおよそ3分置く。上白糖を加えて混ぜる。ラップをして電子レンジに3分入れ、そのまま5分蒸らす。
3. 手水をつけながら、2の生地を25g2個、30g3個にちぎり分け、丸める。
4. 粒あん、こしあんのぼた餅を作る。外を包む用の粒あん、またはこしあんを手のひらに伸ばし、3で丸めた25gの生地をそれぞれ包む。
5. きな粉、青のり、黒ごまのぼた餅を作る。3で丸めた30gの生地を手のひらに伸ばし、1で丸めたあんをそれぞれ包む。きな粉、青のり、黒ごまをまぶす。

Point!
かたく絞った布巾の上にこしあんや粒あんを置き、生地全体にあんを広げるように包むとよりきれいな仕上がりになります。

桜餅とおはぎの日本地図

春分の日を中日として前後三日間の七日間は春の彼岸です。春秋の彼岸には萩の餅を家庭で作って仏前に供え、また近隣親戚に配ったりします。略して「おはぎ」ともいいます。牡丹餅《ぼたもち》の異称もあり、咲く花にかけて春から夏にかけては牡丹餅、秋になると萩餅だという説も。

もち米とうるち米を半々にして炊き、すり鉢で粗く搗《つ》いて丸め、小豆餡《あん》、ごま餡、きな粉をまぶしたもので、ごまときな粉のおはぎは餡を包みます。この三種は東京のおはぎの伝統とされます。一方、江戸時代に京都では五種の萩の餅が考案されます。氷餅の粉をまぶした白と青海苔の緑が加わった五色で、都人の人気を集めました。

おはぎの種類は地域によって好みが分かれるようで、北日本や東日本では黒ごまが好まれるのに対し、西日本では青のりが好まれるといわれます。また東北では枝豆をすりつぶした「ずんだ」のおはぎも人気があります。

桜餅もこの時期を代表する菓子で、関東では小麦粉の薄い焼き皮で餡を包むのに対し、関西では道明寺の餅で包みます。いずれも仕上げは塩漬けした桜の葉で巻いて。「長命寺桜もち」は江戸向島の名跡長命寺の門前で売り出したのが始めで、以来三百余年の歴史をもちます。

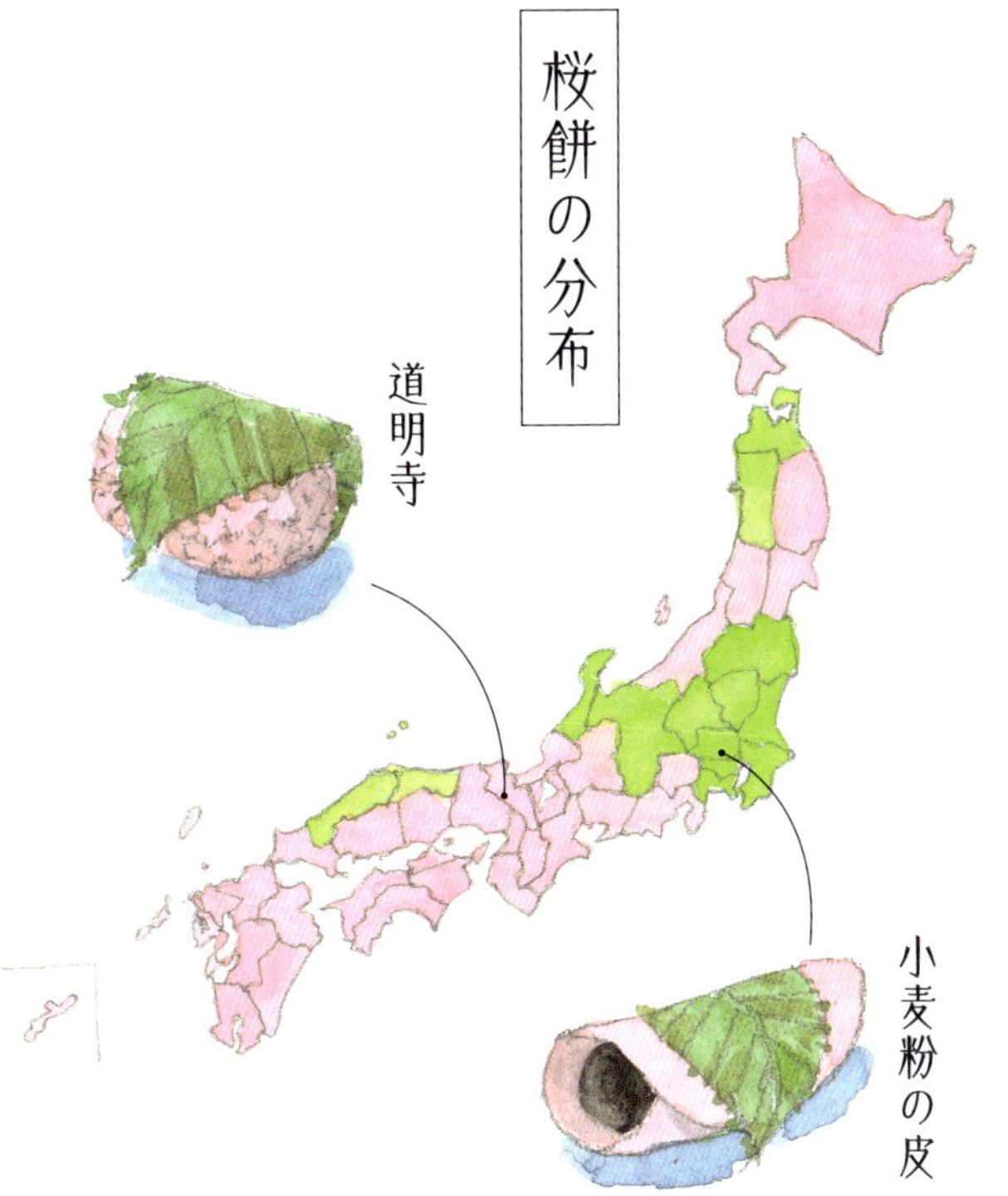

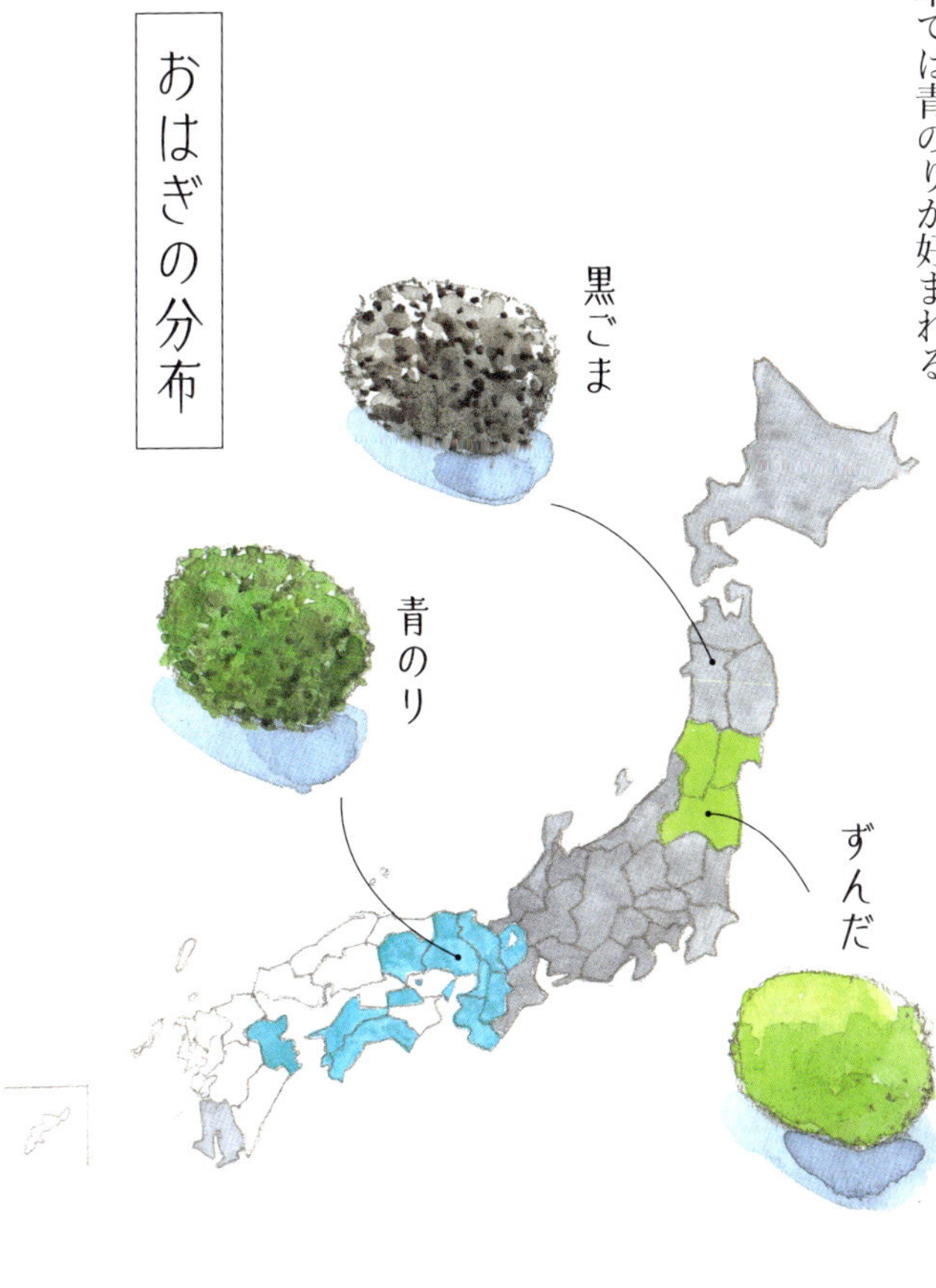

清明

［太陽暦
4月5日ごろ］

桜

日本列島の桜前線上昇に心も浮き立つ時期です。桜は和菓子の永遠の定番モチーフ、さまざまなデザインの主菓子、干菓子があり、まさに百花繚乱といったところ。自分なりのアイディアで作ってみても楽しそうです。

桜のねりきりいろいろ。へらで形を作ったり、針で線を描いたり。多様な手法で桜を表現します。

材料・1個分 ★★☆

桜あん　15g
＊p38の「桜あんの作り方」を参照
ピンクのねりきり　25g
＊p66の「基本のねりきりの作り方」を参照
飾り用の黄色のねりきり　少々

作り方

❶ 桜あんを丸める。
❷ ねりきりを作る。赤の色素を加えたほのかなピンク色のねりきりにする。
❸ 台にかたく絞った布巾を広げ、❷のねりきりを麺棒で伸ばし、2㎜厚さにする。小さな桜の型で抜き 1 、形を壊さないように筆で優しく押し出す 2 。
❹ 桜あんを丸め、❸の桜を全体にバランスよく貼り付けていく 3 。
❺ 飾り用の黄色のねりきりを節の目から押し出してシベ（花芯）に見立てる。❹の桜の花それぞれの中央に飾る。

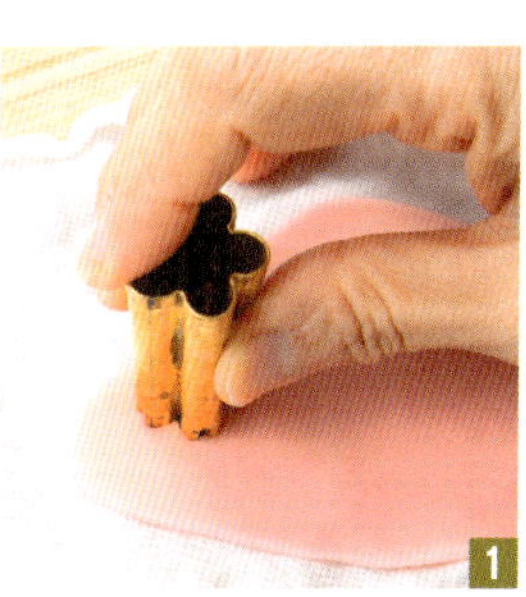

Point!

かたく絞った布巾の上でねりきりを扱う時は「手早く」を心がけましょう。水分を含むと、ねりきりが柔らかくなりすぎてしまいます。

寒《かん》氷《ごおり》

あたかも水に浮かぶ桜の花を思わせるような佇まいです。この透明感と儚《はかな》さは、寒天と砂糖から作る半生菓子の「寒氷」だからこそ。優しい色合いで作って、卓上でお花見を楽しみましょう。

材料・流し缶（7.5×11×4.5㎝）1台分 ★★☆

粉寒天　３g
水　１５０g
グラニュー糖（白ザラ糖）　１９０g
フォンダン（砂糖ベースの製菓材料）　30g
色素（赤・黄色など）　各適量
新引粉　適量

作り方

1 粉寒天と水を鍋に入れ、火にかけて、しっかりと煮溶かす。

2 さらにグラニュー糖を加え、中～弱火にかけて煮詰める。煮詰め温度１０４℃、または出来上がりの分量の目安は約２３０g。煮詰めたらボウルに移し、水に浮かべ、50℃に温度を下げる。

3 水に浮かべた2のボウルに麺棒を入れ、側面をこするようにグルグルとゆっくりとする。途中フォンダンを入れ、さらに白くなるまですり、ほのかな桜色になるよう、色素で着色する。水からあげる。

4 流し缶に流し入れて常温で固める。取り出して8㎜厚さにカットし、桜の型で抜く。

5 水または食用アルコール少々（分量外）で溶いた黄色の色素で新引粉を着色してシベ（花芯）に見立て、桜の中心にあしらい、そのまま乾かす。

Point!

グラニュー糖を加えて煮詰める際、最初のうちは吹きこぼれしやすいので火加減に注意してください。作業を始める前に鍋の重量を計ることも忘れずに。

花見と和菓子

爛漫の春、各地の桜の下に花見の人々が集います。花見の風習は奈良、平安時代からあったといわれますが、奈良時代までは梅を愛でたものでした。桜が対象となるのは平安時代以降といわれ、八一二年に嵯峨天皇が催したのが最古の桜の花見だとされます。

よく知られているのは安土桃山時代、豊臣秀吉が京都伏見にある醍醐寺で催した盛大な茶会「醍醐の花見」。一説には、このとき大勢の客に茶菓子としてふるまわれたもののひとつが三色に色づけされた団子、すなわち現在の花見団子であったとされます。

花見団子は江戸時代を経て今日に受け継がれ、この季節を代表する菓子のひとつとなっています。白の練り餡《あん》、紅に染めた餡、蓬《よもぎ》などで緑に染めた餡の三種を団子にし、青竹の串に差します。上新粉や白玉粉などの米粉で作る場合は三色に作った生地を団子にし、茹でて冷水で冷ましたものを串に指して仕上げます。いずれも白は雪を、紅は花を、緑は若草を表すとされます。

この季節、ねりきりやこなしなどで、また干菓子にも桜を意匠したさまざまな菓子が出揃い、風趣ある銘とともに楽しませてくれます。

穀雨

[太陽暦 4月20日ごろ]

八《や》重《え》桜《ざくら》

八重桜が咲き始めると、桜の季節もフィナーレを迎えます。しっとりと柔らかいういろう生地を折りたたんで重ね、八重桜独特のボリュームを表現したクラシックなスタイルです。生地からほんのりと透ける黄身あんも桜のめしべのよう。

はんなりとしたういろう生地
の持ち味が楽しめる一品です。

材料・5個分 ★★☆

黄身あん　65g
＊p38の「黄身あんの作り方」を参照
ういろう生地　200g
＊p94の「基本のういろうの作り方」を参照
色素（赤）　適量

作り方

❶ 黄身あんを13gずつの5等分にして、丸める。
❷ ういろう生地を作る。p94の最後の手順で色素を加え、薄いピンク色にする。
❸ 片栗粉（分量外）を打ち粉にして、❷の生地を台に広げ、麺棒で3㎜厚さに伸ばす 1。
❹ 直径8㎝の花の型で5枚抜く 2。
❺ ❹の生地の打ち粉を刷毛などではらう。❶の黄身あんを右下に置く。
❻ 上から半分にたたみ 3、さらに左からたたむ。

Point!

べたつきがちなういろうの生地は、片栗粉をしっかりと振ってから伸ばします。乾燥しやすいので作業を手早く行うことも大事。

胡《こ》蝶《ちょう》（黄《き》味《み》雲《うん》平《ぺい》製）

『源氏物語』や能の演目などにもある「胡蝶」は蝶の別名。その小さな姿を「焼き雲平」で作りました。なつかしの卵ぼうろのような味わいです。雲平とはお干菓子のひとつ。砂糖類に味甚粉《みじんこ》などを混ぜて作ります。

材料・作りやすい分量（約2㎝の蝶型を使用） ★½☆

粉糖　35g
和三盆糖　12g
味甚粉　10g
片栗粉　3g
卵黄　1個

作り方

1. 粉糖、和三盆糖、味甚粉、片栗粉を合わせ、ボウルにふるい入れる。
2. さらに卵黄を加えて混ぜ、ひとまとめにする。
3. 片栗粉（分量外）を打ち粉にして台に広げ、麺棒で2の生地を3㎜厚さに伸ばす。
4. 蝶型で抜く。
5. あらかじめ100～110℃に熱したオーブンに入れ、ぷくっと膨らむまで30～40分焼く。

Point!
暑い時期以外は、密閉容器に入れて、乾燥剤とともに冷暗所で保存すれば1週間は保存可能です。オーブンの火加減により、膨らまないこともあるので注意してください。

茶葉を使う茶通、使わない茶饅頭

八十八夜には茶農家で茶摘みが始まります。新茶は飲むとその一年を無病息災で過ごすことができ、不老長寿もかなうという縁起のよいもので、贈り物としても喜ばれてきました。新茶は新芽の芽先を摘むもので、香気が高く、苦味は少なく、栄養価も高いといわれます。八十八夜から半月ほどが新茶摘みの最盛期。これを一番茶といい、次いで二番茶、三番茶、四番茶まで摘みます。

茶の風味を生かした菓子も古くから広く親しまれてきました。茶通は小麦粉に砂糖と挽き茶を混ぜてこね、餡《あん》を包んで上面にごまを振り、鉄板で焼いた菓子で、「さつう」とも呼ばれます。ほかにも抹茶を使った餅や団子、羊羹などが各地で工夫され、「茶の子」を銘に冠したものも多く見られます。

一方、茶饅頭と呼ばれる茶色の饅頭は、実は茶葉を使わない饅頭です。仏事の際に供えたり配られたりする菓子を「茶の子」といい、この茶饅頭もそこからの呼称とされます。米粉や小麦粉の生地に黒糖を入れて焼いた皮が特徴です。これを「利久饅頭」とも称し、皮に黒糖が入るのは同じですが、こちらは多く小判形で、千利休が茶人の古田織部に伝えたものが今日に伝わるといわれます。

基本のあんこの作り方

和菓子に欠かせないあんこは、やはり手作りしたいもの。豆とじっくり付き合う気持ちで、焦らずゆっくりと煮ていきましょう。

小豆の粒あん・こしあん

材料・作りやすい分量

小豆　200g
砂糖　約210g（粒あん）
　　　約190g（こしあん）

作り方

❶水洗いをした小豆を鍋に入れ、たっぷりの水を注いで火にかける1。沸騰してきたら、びっくり水を注ぐ2。10～15回びっくり水の作業を繰り返し、小豆の皺が伸びてきたら火を止め、ザルにあけて流水で洗って渋を切る3。

❷本煮をする。鍋に❶の豆とたっぷりの水を入れ、火にかける。20分ほど煮て、小豆を軽く押してつぶれるくらいになったら4火を止めて、ザルにあける。

1

2

3

4

粒あんを作る

❶鍋に砂糖の半量と水400gを入れて火にかけ、砂糖を完全に溶かして蜜を作る。

❷本煮をした小豆を加え、中火にかけ1、ひと煮立ちしたら火を止める。そのまま一晩置く。

❸❷の汁を鍋にあけ、残りの砂糖を加え火にかけて煮詰め、蜜を作る。❷の豆を鍋に入れて中火にかけ、ひと煮立ちさせる。火を止め、そのまま半日置く2。

❹❸を煮汁ごと弱火にかけ、水100gを注ぎ、木べらで練る。水分が飛んだら火を止め、小分けにして冷ます。出来上がり3。

1

2

3

Point!

餅生地で包んだり、どら焼きのように焼いた生地にはさむ場合は、柔らかめのあんに仕上げるのがおすすめ。

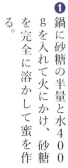

こしあんを作る

❶ボウルの上に濾し器を置き、細目の水を流しながら、本煮をした小豆を濾す 1 。できれば濾し器の目の大きさを徐々に小さく変えて、濾す作業を2～3回繰り返す 2 。

❷❶のボウルの中身をさらしにゆっくりとあけて 3 、中をこぼさないようにぎゅっと絞り、生あんを作り 4 、分量を計る。

❸砂糖（生あんの60％分量が目安）を鍋に入れ、水少々を加えて200gして火にかける。砂糖が溶けたら生あんをちぎるように入れ 5 、へらで練る。

❹もったりとしてきたら手を止めずに練り続ける。へらですくって、きれいな山ができる状態になったら 6 、火を止め、小分けにして冷ます。出来上がり。

1

2

3

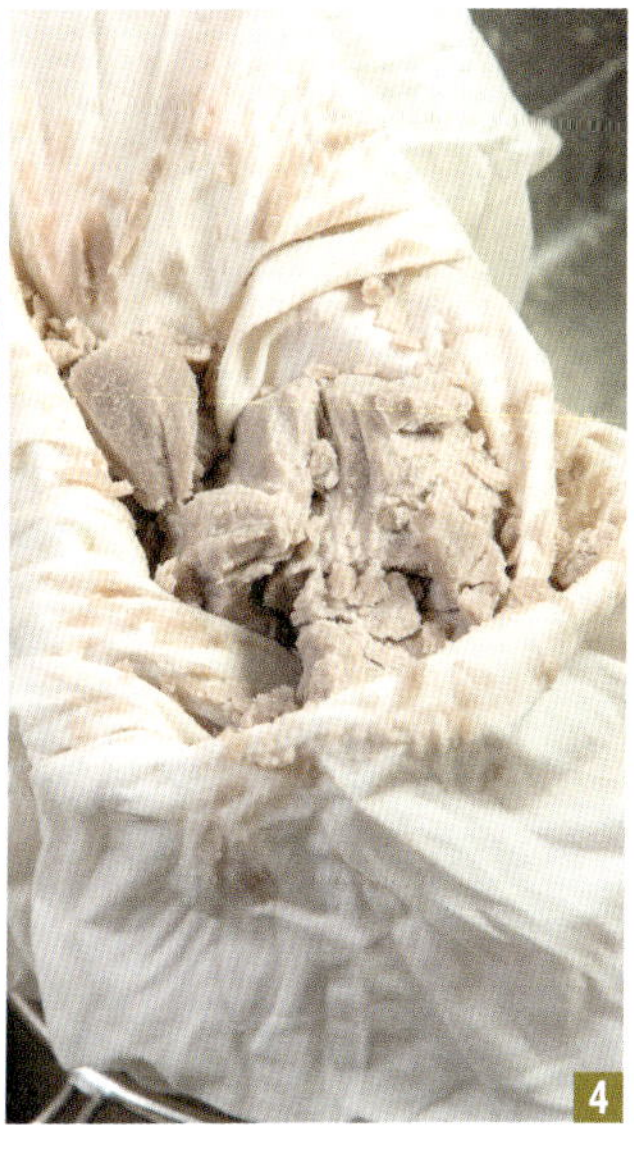
4

5

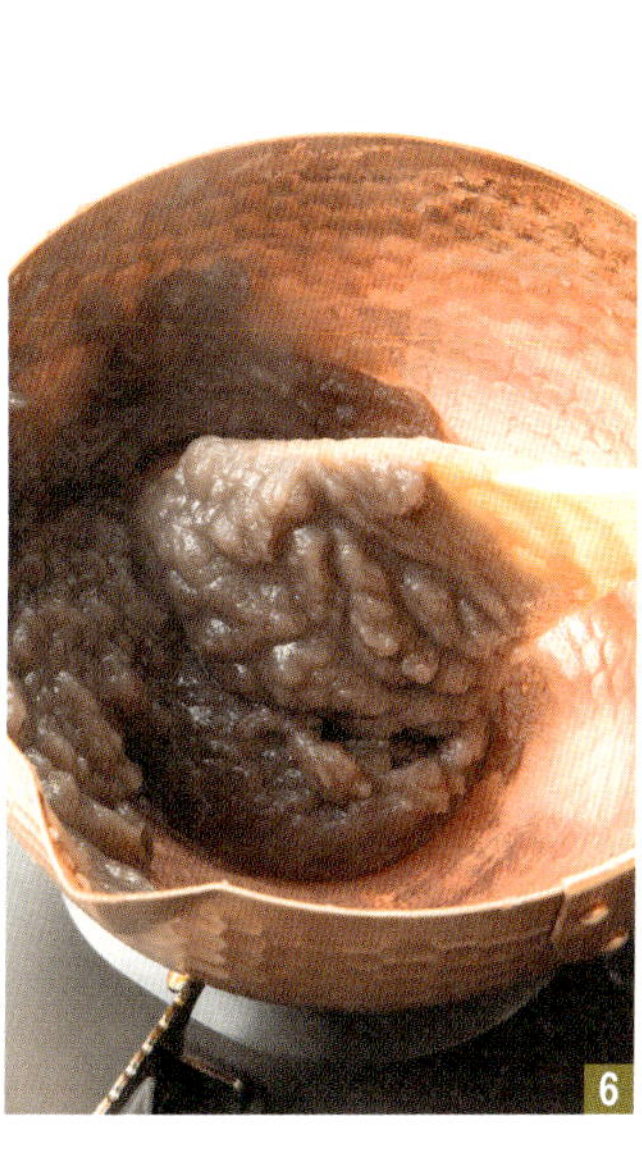
6

Point!

ねりきりなどで包む「中あん」として使用する場合は、水分が多いと包みにくくなります。キッチンペーパーでくるんでしばらく置き、水分を取ります。

白あん（こし）

材料・作りやすい分量

白手亡いんげん豆　200g
砂糖　約150g

作り方

❶白手亡いんげん豆を水洗いし、たっぷりの水に漬け、一晩置く1。

❷流水で洗い、たっぷりの水とともに鍋に入れる。火にかけ、沸騰してきたら火を止め、流水で洗い、渋を切る2。

❸鍋に戻して、再びたっぷりの水を注ぎ、指で軽く押してつぶれるくらいまで煮て、本煮の豆とする3。

❹小豆のこしあんと同様、濾し器で濾す4。2〜3回濾したら、ボウルの中身をさらしの上にあけて、中をこぼさないようにぎゅっと絞って生あんを作り5、分量を計る。

❺砂糖（生あんの60%分量が目安）を鍋に入れ、水少々を加えて200gにして火にかける。砂糖が溶けたら生あんをちぎるように入れ6、へらで練る。

❻手を止めずに、そのまま練り続ける。もったりとしてきて、へらですくって、きれいな山ができる状態になったら7、火を止め、小分けにして冷ます。出来上がり。

1

2

3

4

5

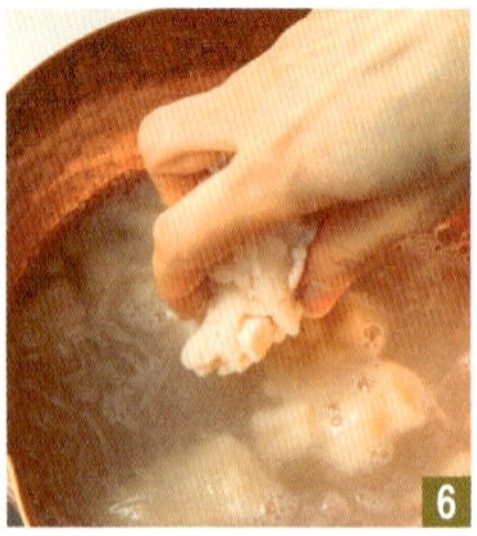
6

7

Point!

白あんは入手しやすい白手亡いんげん豆で作ります。白小豆で作る場合は、p36〜37の小豆のこしあんと同様の手順となります。

アレンジ白あん

すべて作りやすい材料と作り方

★ベースとなる白あんの水分を飛ばす。キッチンペーパーで白あん100gを包み、耐熱容器に入れ、少しだけ蒸気の出る隙間を開けてラップをかける。表面の水分が少し取れて、粉ふきいものような状態になるまで、電子レンジにかける。目安は1〜2分。

梅あん

梅干し（大粒）1個は種を取って刻み、水分を飛ばした白あん100gに混ぜ、ペースト状にする。

黄身あん

❶卵黄1個分を熱湯でゆで、熱いうちに濾す。

❷布巾の上に水分を飛ばした白あん150gを広げ、❶を少しずつ加えて混ぜる。

栗あん

❶栗100gは熱湯でゆでて割り、スプーンを使って、中身を取り出し、裏濾しをする。

❷❶を電子レンジで数分温め、上白糖20gを加えて、完全に溶かす。

❸水分を飛ばした白あん50〜100gを混ぜる。

桜あん

桜花の塩漬け10gは水に浸して塩気を抜き、細かく刻んでから水気を絞る。水分を飛ばした白あん100gに混ぜる。

フランボワーズあん

水分を飛ばした白あん70gにフランボワーズのピュレ20gを混ぜ、ペースト状にする。

柚子あん

水分を飛ばした白あん110gに柚子ジャム10g〜を加えて、よく混ぜる。すりおろした柚子の皮や刻んだ柚子ピールを加えても。

夏

立夏
小満
芒種
夏至
小暑
大暑

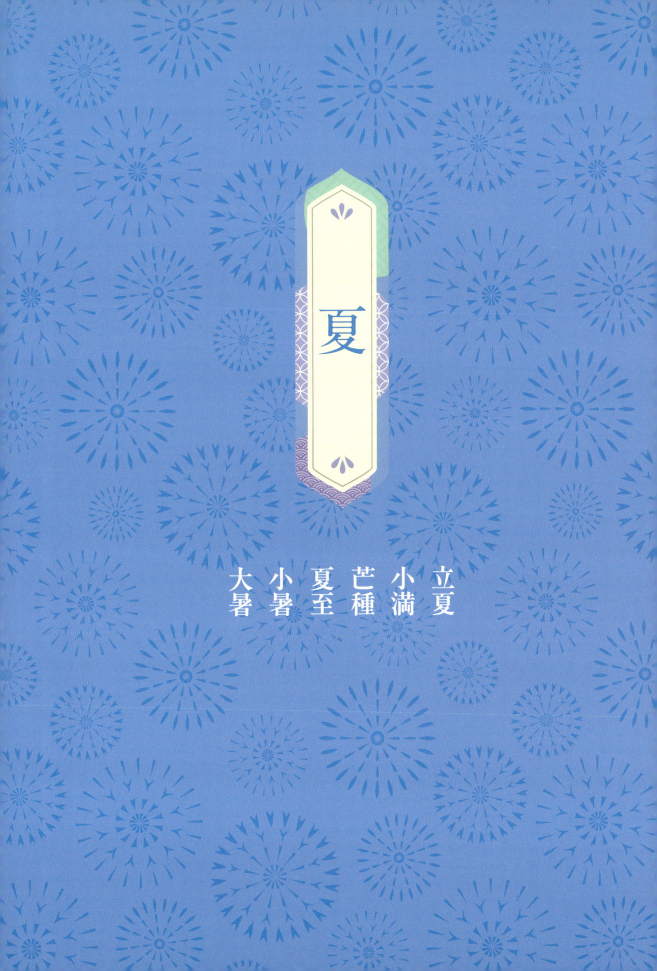

夏の風物

立《りっ》夏《か》

「夏立つ」「夏来《きた》る」とも。春分と夏至の中間にあり、この後、梅雨を経て本格的な夏に入ります。

五月五日は端午の節句。男の子の節句とされ、尚武の気性を養う日とされますが、これは武家時代以降のことです。武家で甲冑を飾り、幟《のぼり》を立てるのに対し、商家では武者人形を飾り、鯉の絵旗を立てました。これが鯉幟の始めとされます。菖蒲の日、菖蒲の節句ともいい、この日は邪気を払うとされる菖蒲湯に浴します。

東京浅草の三社祭は鎌倉時代に起源をもつ伝統の祭です。三日間行われ、最終日の本社神輿各町渡御では浅草一帯が熱気に包まれます。

小《しょう》満《まん》

万物がしだいに長じて天地に満ち始めるという意味の節気で、立夏から十五日目にあたります。日ごとに気温は高くなって、草木は色濃く茂り、夏の花々が咲き始める頃。青梅が店頭に出て、梅漬けに忙しい時期でもあります。

衣更えは平安時代から続く習慣で、冬の衣を夏の衣に改めますが、時代によりその時期は変遷します。現在はほとんどの地域で六月一日と十月一日に行うとされます。

神田明神の祭礼「神田祭」は隔年で五月中旬に行われます。江戸幕府の庇護を受け、天下祭として知られてきました。日本橋界隈を練り歩く豪壮な大行列は壮観です。

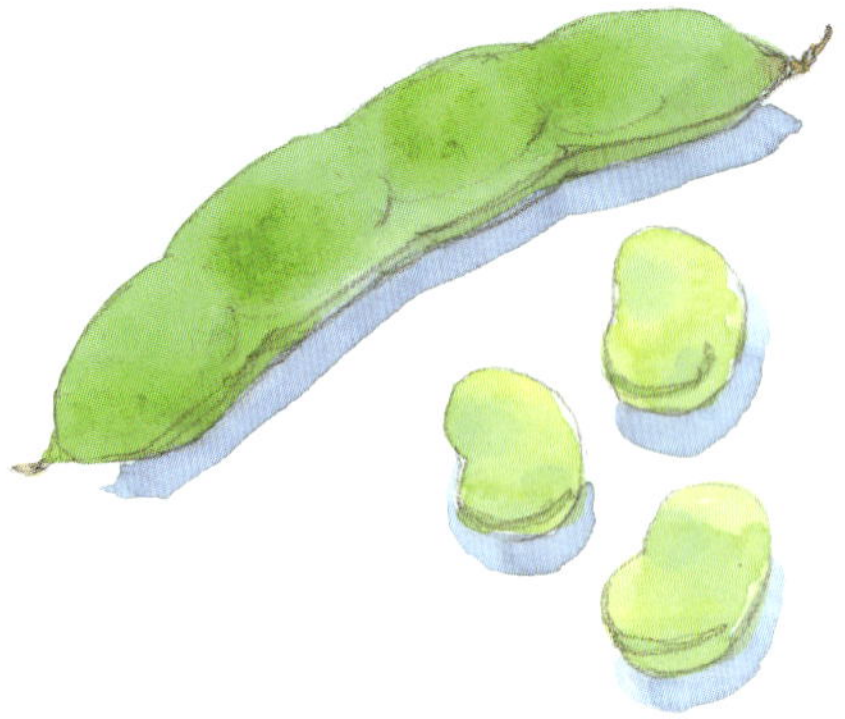

芒《ぼう》種《しゅ》

芒《ぼう》とは稲や芒《すすき》などイネ科の植物の穂先のことで、その芒《のぎ》のある穀物の種を播いたり、苗の植えつけに適した時期とされます。まさに田植えが始まる時期でもあります。また麦の刈り入れもこの時期とされます。

田植え神事も行われ、大阪の住吉大社、三重の伊勢神宮、千葉の香取神宮のお田植え祭は日本三代御田植祭とされます。また六月第二土曜日に行われる岩手南部地方の「チャグチャグ馬コ」は、農耕馬の労役に感謝し、慰安する珍しい祭です。そして六月十六日は「和菓子の日」。梅雨入りも聞かれるこの頃は蛍が飛び交う季節でもあります。

夏《げ》至《し》

北半球では太陽は最も高い夏至点にあって、一年のなかで最も昼が長く、夜が短いときです。ここから日ごとに暑さは増していき、日照時間は短くなっていきます。

伊勢の二見浦では夏至祭が行われます。また各地の神社では「夏越《なごし》の祓《はらえ》」が行われ、茅《ち》の輪を潜ったり、紙の形代《かたしろ》で身を拭ったりして身を清めます。

七月一日からおよそ一か月にわたって行われるのが京都の祇園祭。一千年以上の歴史をもつ八坂神社の祭で、祇園囃子とともに市中は祇園祭一色になります。なかでも十六日の宵山、山鉾巡行は祭りのハイライトです。

小《しょう》暑《しょ》

夏至から十五日目にあたり、長く続いた梅雨も明け、いよいよ夏らしい暑さが始まります。梅雨の湿気がまだ残っている頃でもあり、蒸し暑いと感じることも多い時期です。気づくと蟬の声が聞こえ、蓮の花が開き始めます。

七月七日は七夕。七夕祭とも星祭とも呼ばれ、牽牛星と織女星を祭ります。奈良時代の宮中に始まる行事で、近世になって民間にも普及しました。竹を立て、五色の短冊に歌や願いごとを書いて、裁縫や字の上達を願います。

お盆は正式には盂蘭盆会といい、旧暦七月十三日から十六日までですが、新暦で行うところが多くなりました。

大《たい》暑《しょ》

夏の暑さも頂上です。小暑からこの大暑の節気までのおよそ一か月が一年で一番暑い時期となります。これを「暑中」と呼び、暑中見舞いはこの間に出すものとされます。また年間を通じて水の使用量が多い八月の初日一日は「水の日」とされ、水に関する啓発行事が行われます。

夏の土用は立秋入りまでのおよそ十八日間。土用の丑の日にはうなぎを食べると暑気に当たらないといわれます。

この時期、日照りが続いているときに降る雨を「喜雨」と呼びます。まさに喜びの雨。雨喜び、慈雨とも。

夏祭り、花火大会も各地で盛んに行われます。

立夏

太陽暦
5月5日ごろ

柏《かしわ》餅《もち》

端午の節句でおなじみの柏餅。新芽が出るまでは古い葉っぱが落ちない柏の木には、子孫繁栄の意味があるともいわれています。西日本では、柏の葉ではなく手のひらのような形のサンキライで餅を包むところもあるのだとか。

柏餅の形は「兜《かぶと》」をイメージしたもの。両端を少しだけ引き上げて作ります。

材料・8個分　★☆☆

こしあん　120g
生地
　上新粉　125g
　餅粉　22g
　水　125g
　白玉粉　22g
　水　18g
柏の葉　8枚

作り方

❶ こしあんを15gずつの8等分にして、丸める。
❷ 生地を作る。ボウルに上新粉と餅粉を合わせて、水を注ぎ、手で混ぜる。
❸ 蒸し器に布巾を敷き、蒸気を上げておく。❷を小さくちぎり 1、蒸し器に並べて、半透明になるくらいまで約20分蒸す。
❹ 布巾ごと取り出し、なめらかになるまで揉む 2。
❺ ボウルに水（分量外）を張り、❹の生地をちぎり入れて冷まし、水からあげる。
❻ 白玉粉に水を少しずつ加えてなめらかにする。残りの水を加えて混ぜ、白玉粉水を作る。
❼ ❻を❺に入れ 3、全体を揉みこんで吸水させる。
❽ ❼の生地を35gずつに分けて丸め、手のひらで楕円形に伸ばす。❶のこしあんを置き 4、二つ折りにし、しっかりと閉じる 5。両端を少し上げて形を整える 6。
❾ 湯気の立った蒸し器に入れ、約5分蒸す。その間、2分ごとに蓋を開け、温度を下げる。
❿ 団扇《うちわ》などであおぎ、つやを出す。
⓫ 表面も裏面も乾いて冷めたら、柏の葉で包む。

1

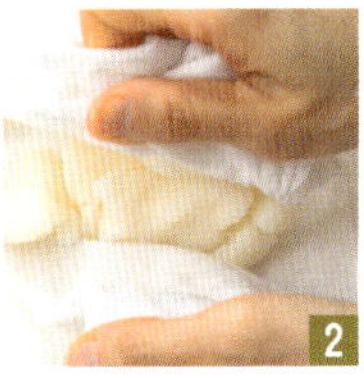
2

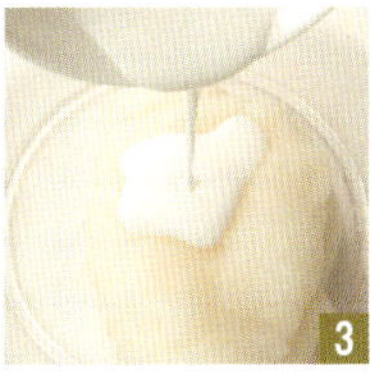
3

4

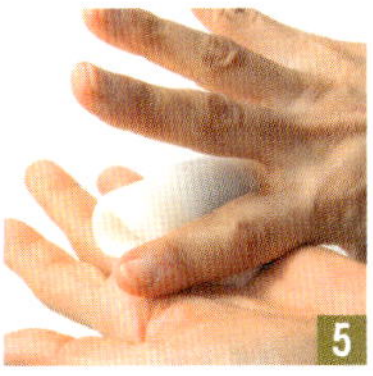
5

6

ちまき

柏餅かちまきか。端午の節句にいただく和菓子は、日本の東西で好みが分かれるようです。その形や中身が地方によって異なるというのも、ちまきが昔から人々の暮らしに根付いていた証といえるでしょう。

材料・5本分 ★（半星）☆

上新粉 70g	くず粉 6g	笹の葉 15枚
上白糖 75g	ぬるま湯 85g	いぐさ 5本

作り方

1. p94を参照して布巾の「空蒸し」をする。
2. ボウルに上新粉と上白糖を入れ、よく混ぜる。
3. くず粉にぬるま湯を少しずつ注ぎ、きれいに溶かす。
4. 2に3を2回に分けて入れる。加えるたびにしっかりと泡だて器で混ぜる。ダマができてしまったら、濾し器で濾す。
5. 空蒸しをした1の布巾に4を注ぎ、湯気の立った蒸し器で約20分、中〜強火で蒸す。
6. 布巾ごと取り出し、揉んでなめらかにする。
7. 手水をしながら6の生地を5等分し、円錐形に整える。
8. いぐさは熱湯でくぐらせて、柔らかくする。
9. あらかじめ水に漬けておいた笹の葉の水気を拭き取り、1本に対して3枚で包み、8のいぐさを巻いて縛る。

Point!

笹3枚でちまき1本を包みます。ちまきに直接触れる最初の1枚は、つるつるした葉の表面を裏表にして、くっつくのを防ぎます。

柏餅とちまき

新茶の季節です。江戸時代には将軍家のための新茶を茶壺に詰めて献上する定めで、その献上茶が宇治を発つまで新茶を外に出すことが禁じられていたといわれます。京から江戸へと茶壺を運ぶ道中はお茶壺道中と呼ばれ、将軍家の行列に匹敵するほど格式があるものとされました。その献上茶が宇治を出ると、いよいよ市中に新茶が出回ります。

立夏の初頭、五月五日は端午の節句。この日に向けて柏餅が作られます。柏の葉は大きく、古来食物を盛る器として用いられてきました。糝粉《しんこ》をこねて蒸した餅に餡《あん》を入れ、柏の葉で二つに折り包んで仕上げます。葉が小さければ二枚ではさみます。餡はこし餡と味噌餡とがあり、地方による違いもあります。

江戸時代には、男児の初の端午の節句にはちまきを配り、二年目からは柏餅を贈る習いだったと伝えられます。この日、ちまきを食べるのは中国から伝わった風習で、柏餅よりも古くからのものとされます。葛《くず》製の水仙ちまき、こし餡製の羊羹ちまきなどがあります。

この時期、菖蒲や水にちなむ菓子、また初物が喜ばれる鰹を意匠した菓子なども出揃います。

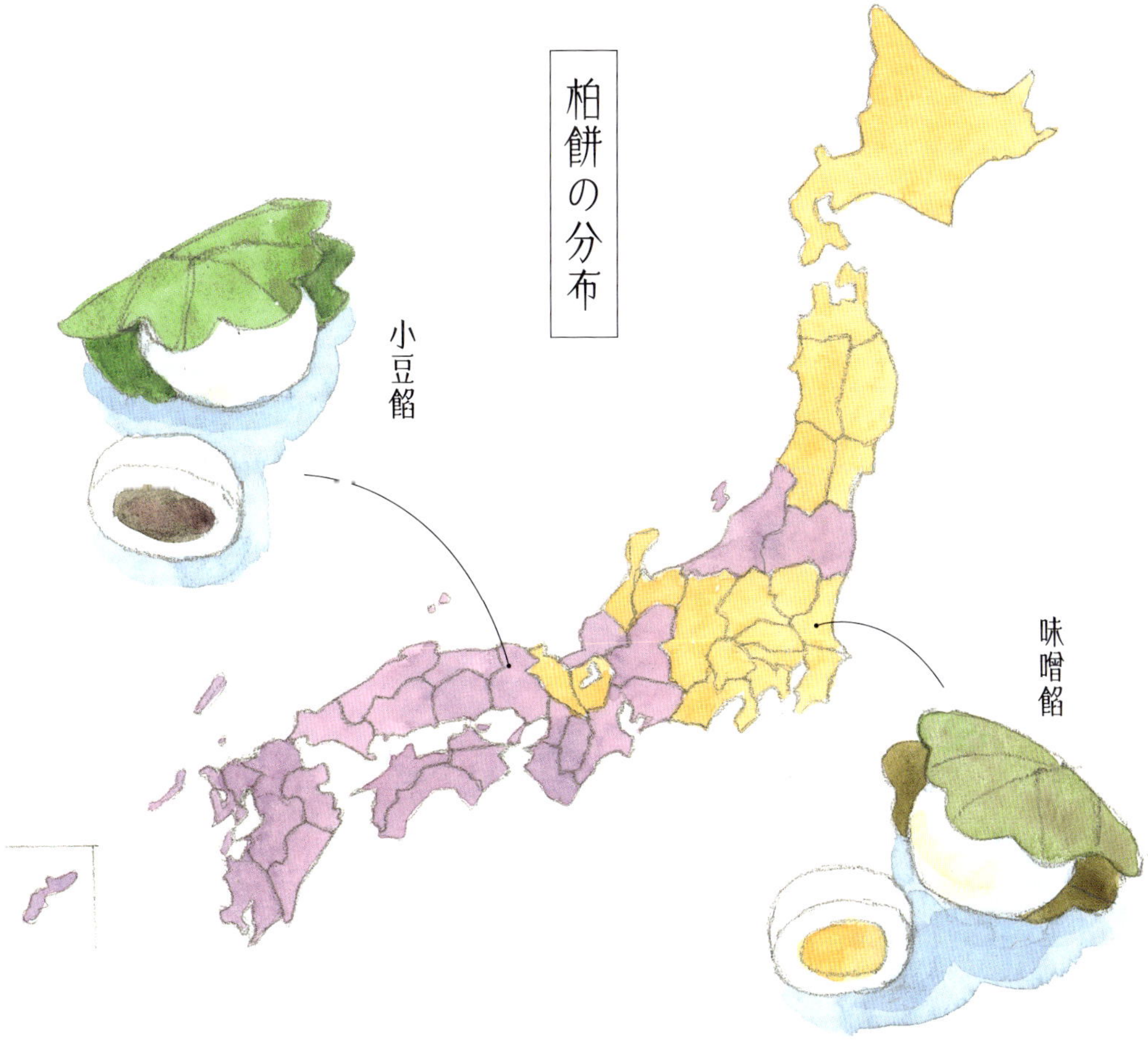

小満

［太陽暦
5月21日ごろ］

花かご

春から夏へと移り行くころ。みずみずしい若葉が輝き、生命の息吹にあふれ、気持ちよい青空の日が続きます。野に咲く可憐な花々を摘み入れたかごを作りたくなる季節。花もかごもお好みの色合いでアレンジしてください。

茶色のねりきりでかごを作っても華やかな印象に。花の色はお好みの取り合わせで。

材料・1個分 ★★☆

あん　13g
黄色のねりきり　22g　＊p66の「基本のねりきりの作り方」を参照
飾り用の白、濃いピンク、薄いピンク、緑のねりきり　各適量

作り方

❶あんを丸める。
❷黄色のねりきりを丸めて、手のひらで押し、直径4㎝の円形に広げる。
❸❷の上に❶のあんを置き 1、包む。閉じめを下にして、丸く形を整える 2。
❹ねりきりの上部を卵型またはピンポン玉などで軽く押して 3、窪みを作る。
❺形を整え、櫛で表面を押して網模様をつける 4。
❻白、濃淡のピンク、緑のねりきりを少量ずつ篩《ふるい》の目から押し出し 5、6、窪みにバランスよく飾る 7。

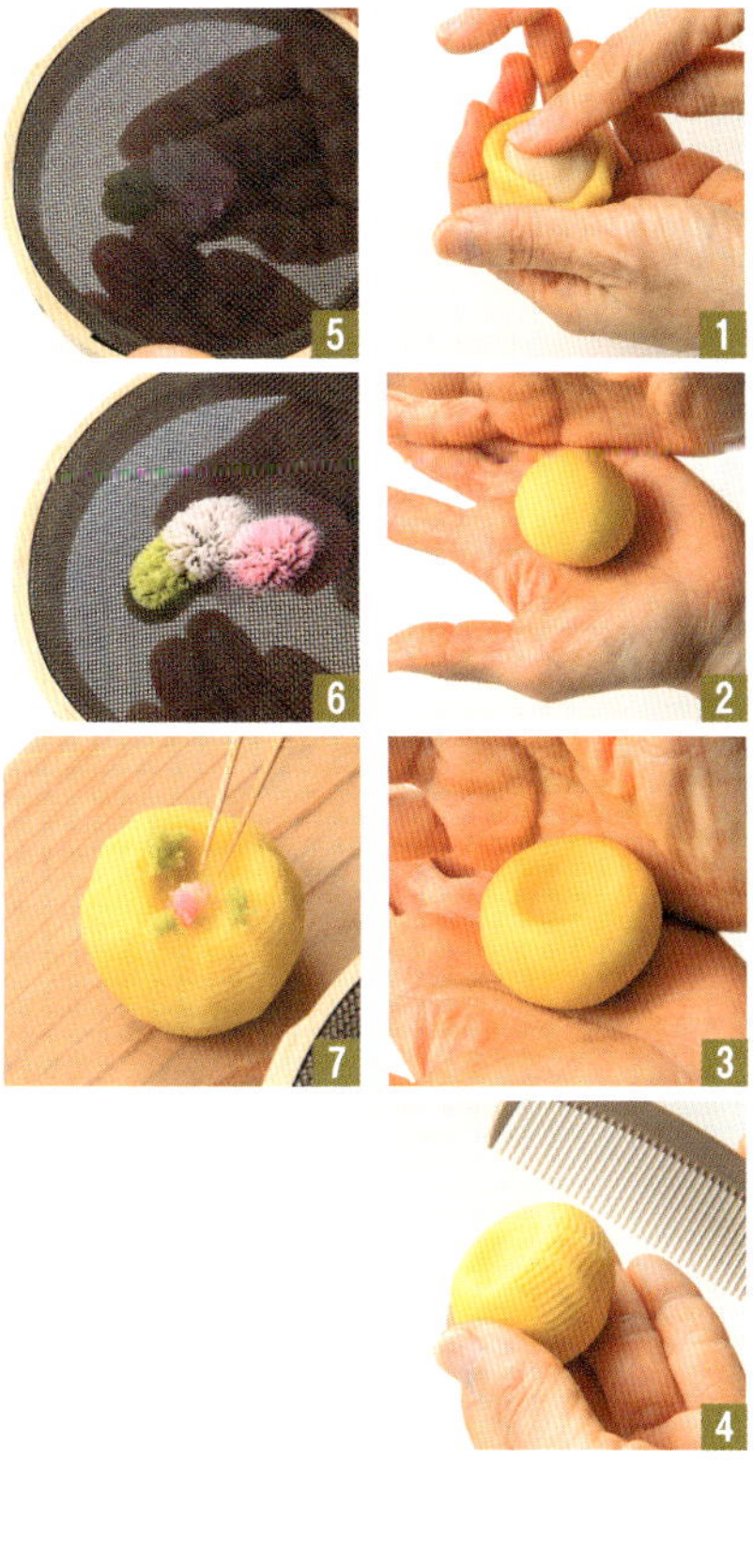

Point!
かごの表情をつけるのは櫛。手になじみやすい大きさのものを100円ショップやドラッグストアで入手し、和菓子用として用意しておきます。

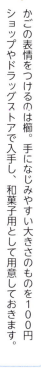

更《ころも》衣《がえ》

平安時代の宮中行事に始まるとされる衣替え。平安貴族たちは自らのセンスで着物などの色を重ね、四季折々の表情を表現していたそうです。雅な貴族に習い、着物に見立てたういろう生地で〝襲《かさね》の色合い〟を楽しんではいかがでしょう。

材料・2個分 ★★☆

ういろう生地　50g　＊p94の「基本のういろうの作り方」を参照
色素（赤・黄・青など）　各適量
シロップ（砂糖1対水2を煮溶かしたもの）　適量
金箔、銀箔　各適量

作り方

1. ういろう生地を6等分にして、シロップを手水に使いながらそのうちの4つをピンク、紫、濃い黄色、薄い黄色に着色する。
2. 片栗粉（分量外）を打ち粉にして台に広げ、それぞれの生地を麺棒で3㎜厚さに伸ばし、4・5㎝×9㎝に切る。
3. ひとつは紫、ピンク、白の順に重ね、もうひとつは白、薄い黄色、濃い黄色の順に重ねてふんわりと折りたたむ。仕上げに金箔や銀箔を飾る。

Point!
重ねる色を変えれば、異なる季節でも楽しめます。お好みのあんを中に置いてたたんでも。

梅の季節の和菓子

早い地域では五月下旬ともなると青果店やスーパーの店頭に青梅が並び始めます。青梅は生食せず、酸味と香りを生かし、さまざまに加工して用いられます。梅漬け、梅干し、砂糖漬け、梅酒、梅ジュースなどのほか梅醤、梅肉なども重宝されます。梅仕事は季節仕事の代表的なもののひとつです。家庭で手作りを楽しむほか、既製のものも多種多様に出回っていて、これらの梅の風味は料理のほか菓子においても効果的に利用されます。

のし梅は梅肉と砂糖、寒天を練り合わせて煮固め、薄くのしたもので、澄明感のある爽やかな味わいの菓子です。そのままで、あるいは他のものと合わせて菓子とするほか、料理にも用いられます。

ねりきりやこなしの青梅の菓子はこの時期でこその鮮やかなもの。茶席で供されると、その銘とともに時節の口福を思います。

六月一日の更衣えにちなむ菓子もさまざまに作られます。平安時代のかさねの色目を意匠したものは色合いも美しく、情趣に富むもので、「今この季《とき》」を表象します。また初夏の花々が咲きそろう時期でもあり、花々を写した菓子がさまざまな姿と味で楽しませてくれます。

梅仕事

芒種

太陽暦
6月5日ごろ

紫陽花《あじさい》

花の色合いがよく変わることから、「七変化」「八仙花」の別名もある紫陽花。かのシーボルトも愛した花としても有名です。薄い青、はかない紫、最近は白い紫陽花も見かけます。無垢な雪《せっ》平《べい》の生地に小さな紫陽花を咲かせてみました。

上の飾りには、青系一色でも紫や赤系を混ぜても。
紫陽花の色合いからイメージを広げてください。

材料・5個分 ★★☆

雪平生地　100g
＊p123の「基本の雪平の作り方」を参照
あん　75g
飾り用の錦玉羹（青・紫など）　適量
＊p125の「簡単な錦玉羹の作り方」を参照
飾り用の羊羹、または緑のねりきり　適量

作り方

❶ 雪平を用意する。手に片栗粉（分量外）をつけ、20gずつの5等分にする。こしあんは15gずつの5等分にして丸める。雪平であんを包む 1 。

❷ 閉じめを下にして手のひらの上に置き、卵型やピンポン玉のような球体の物で、上に窪みを作る 2 。

❸ 錦玉羹を小さなサイコロ状に切り、❷の窪みに飾る。

❹ 緑色にした羊羹やねりきりを葉の形に型抜きし、上に添える。

1

2

Point!

柔らかい雪平の生地を扱うときは、片栗粉の手粉《てこな》が欠かせません。ですが、粉が生地に残ると味を損ねるので、随所で粉をきちんと払ってください。

あまやどり（かえる・あじさいの葉）

梅雨入りも間近。紫陽花の葉っぱにはかたつむりが遊び、小さなカエルくんは雨宿りの場所を探しています。ときには、このような愛らしい和菓子でお客様をおもてなしするのも喜ばれそう。和菓子作りで童心に返ってみませんか。

かえる

材料・1個分 ★⯪☆

緑のねりきり　25g
＊p66の「基本のねりきりの作り方」を参照
あん　13g
飾り用の丸くて小さいチョコレート　2個
飾り用のピンクのねりきり　少々

作り方

❶緑のねりきりを丸めて、手で押して直径4㎝の円形に伸ばして広げ、中央に丸めたあんを置いて包む。

❷丸く成形し、上部を指で下に押して窪ませ、目の部分を作り、チョコレートを刺す。頬の位置に竹串で穴をあけ、小さく丸めたピンクのねりきりをつける。口金などで口を描く。

あじさいの葉

材料・1個分 ★★☆

緑のねりきり　22g
＊p66の「基本のねりきりの作り方」を参照
白のねりきり　3g
あん　13g
飾り用の黄色のねりきり、錦玉羹　各少々
＊p125の「簡単な錦玉羹の作り方」を参照

作り方

❶緑のねりきり、白のねりきりをそれぞれ俵形にしてくっつけ、軽く押して平らにし境目をこすってぼかす。両手のひらで押して、直径4㎝くらいの円形に伸ばす。ひっくり返して、丸めたあんを置いて包み、葉の形にする。

❷表面を平らに整え、待ち針などを使って葉脈を描く。

❸飾り用の黄色のねりきりで作ったかたつむりや水玉に見立てた錦玉羹を飾る。

Point!

p125の「簡単な錦玉羹の作り方」の手順❷の段階で、少量を取り出し、クッキングシートに点々と置いて固めると、水滴の形になります。

鮎をイメージした菓子

六月の声を聞くと、鮎の季節の到来です。六月一日に各地の河川で鮎漁が解禁されると、多くの釣り人が若鮎釣りにくり出します。七月頃までは若鮎、そののち八月から九月に成魚となり、旬を迎えます。秋になり、川を下って産卵する前の鮎は卵を持っていて、こちらも「子持ち鮎」と呼ばれて喜ばれます。

鮎は香魚とも呼ばれるように特有の香気があり、これを生かすには塩焼きが最上とされます。

その季節の鮎を表した菓子の代表が、カステラ生地やどら焼きの生地で求肥を包み込んで鮎の姿を表したものです。求肥と白餡《あん》を包むものもあります。姿形は菓子舗それぞれに特徴がありますが、いずれも焼きごてなどで目やひれを付けます。「若鮎」のほか「登り鮎」の銘も。鮎の産地の岐阜や京都の銘菓としても知られ、京都では桂川にちなんで「かつら鮎」の銘も見られます。

焼き皮で求肥を包んだこの鮎の菓子は、江戸時代に備前岡山で創案された「調布」という菓子が起源です。焼き皮で求肥を巻いた形が古代、朝廷に税（調）として納められた手織りの巻いた布「調布」に似ていることからの名で、岡山の銘菓としていまに伝わります。

若鮎

夏至

［太陽暦
6月20日ごろ］

水《み》無《な》月《づき》

室町時代には6月1日に氷室から運ばれた天然の氷を食べて暑気払いをする風習があったとか。希少な氷が入手できない庶民は、氷の形に似た菓子を食べてそれにならいました。邪気を払う小豆もたっぷり。夏越《なごし》の祓《はらえ》にも欠かせない菓子です。

製菓店などで販売している
カラフルな甘納豆を載せた
華やかな水無月もおすすめ。

材料・流し缶（12×18×4㎝）1台分 ★☆☆

生地
- 吉野くず　25g
- 白玉粉　25g
- 水　140g
- 上新粉　30g
- 薄力粉　25g
- グラニュー糖　40g
- 塩　ひとつまみ

甘納豆　80g

作り方

1. 流し缶にオーブンペーパーを敷く。
2. 水無月の生地を作る。ボウルに吉野くずと白玉粉を入れ、水を少しずつ注ぎながら溶く。上新粉、薄力粉、グラニュー糖、塩をすべて入れ、よく混ぜ合わせる。
3. 2の生地の8割を流し缶に注いで、蒸気の上がった蒸し器に入れる。中~強火で約20分蒸す。
4. 蒸し器から一度取り出して 1 、甘納豆を敷き詰める 2 。
5. ういろう生地の残りを上から注ぎ入れ 3 、さらに蒸し器で10分蒸す。
6. 蒸し器から取り出し、上部に水が出ていたら 4 拭く。完全に冷めたら枠から外し、三角に切る。

Point!

蒸しあがってから表面の水気を拭い、割れを防ぎます。吉野くずを加えて作るういろう生地は、のど越しの良さが抜群です。

1

2

3

4

柑《かん》橘《きつ》系《けい》ゼリー

北半球では一年のうちでもっとも昼の時間が長い夏至。徐々に暑さの気配も近づくこの季節は、つるんとしたのど越しが恋しくなる時期でもあります。大振りの柑橘を丸ごと使った寒天ゼリーで、今年初めの暑気払いはいかが。

材料・1個分 ★☆☆

お好みの柑橘類　1個
粉寒天　2g
水　60g
砂糖　約30g（柑橘類の甘さにより調整）

作り方

❶ 柑橘の上部を横に切り、中をくりぬく。
❷ くりぬいた柑橘の実の3分の1は薄皮をきれいに取り除いて、取り置く。残りの3分の2は搾り器などで搾る。
❸ 鍋に粉寒天と水を入れて弱火にかけ、しっかりと煮溶かす。
❹ さらに砂糖を加えて溶かす。沸騰寸前まで加熱したら、火からおろして粗熱を抜く。
❺ ボウルに❷の果肉と果汁、❹を合わせ入れ、そっと混ぜる。
❻ ❶の柑橘の中に❺を静かに注ぎ入れ、固める。

Point!

- 柑橘は、グレープフルーツやさんぽうかんなど大ぶりで、皮の厚いものが向いています。
- 寒天は室温でも固まりますが、食す前に冷やすと美味。

夏越《なごし》の祓《はらえ》と「水無月《みなづき》」

一年のちょうど半分を迎える六月三十日には各地の神社で「夏越の祓」が行われます。茅で作った茅《ち》の輪をくぐって半年間の穢《けが》れや災いを払い、残りの半年を無病息災で過ごすことを願う神事で「茅の輪くぐり」と呼ばれ、夏の風物詩でもあります。各地の神社で茅の輪を目にすると、今年ももう半分が過ぎたのかと感慨を持つ人も多いのではないでしょうか。

また形代《かたしろ》による神事を行う神社もあります。人形《ひとがた》の紙に名前や年齢、自身の災いなどを書いて体を拭い、奉納したのち、お焚き上げしたり、川や海に流したりすることで厄払いができるとされるものです。「形代流し」と称され、藁で作られた人形を用いるところもあります。

この夏越の祓に欠かせない食べ物が「水無月」です。水無月は旧暦六月の称。白い三角形のういろう地の上にふっくらと炊いた小豆をのせたもので、京都の伝統的な歳時菓子とされてきました。昔、宮中では天然の氷を氷室で夏まで保存し、夏越の祓の日に取り出して削った「削り氷《ひ》」を食べ、暑気を払う慣習がありました。当時の氷はたいそう高価であったことから、その氷に見立てた三角の菓子に魔除けの力があるという小豆をのせています。

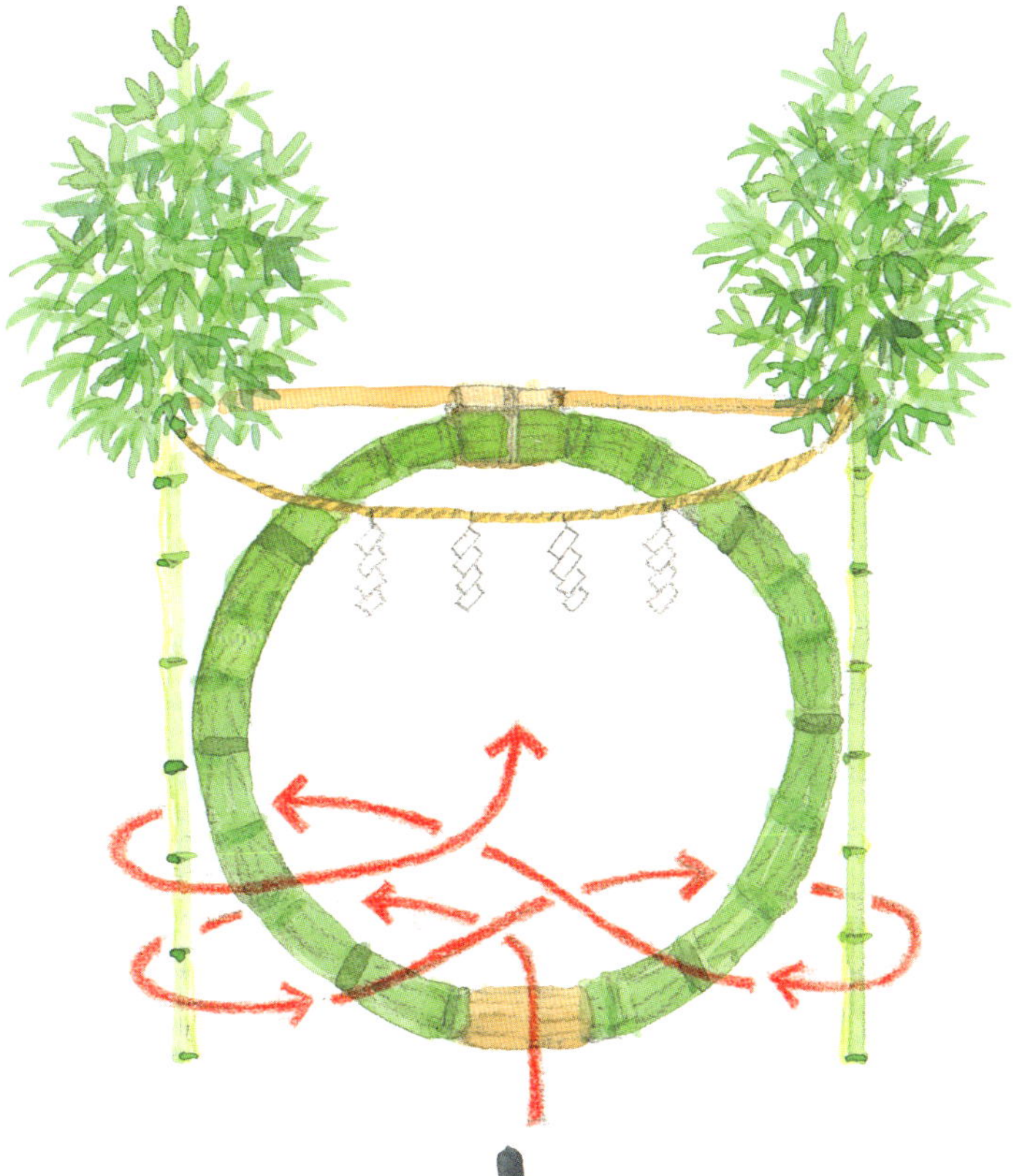

茅の輪くぐり

左足で輪をまたぎ、
左回り・右回り・左回りと
8の字を書くように
三度くぐって進む。

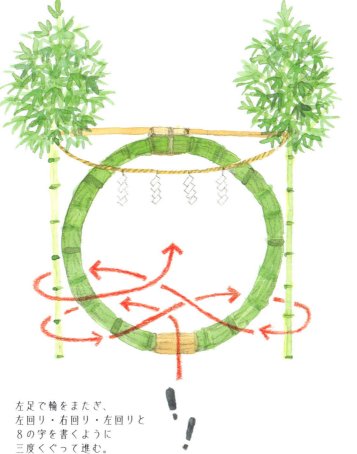

小暑

［太陽暦
7月7日ごろ］

願い笹

五節句のひとつ、七夕。願い事を書いた短冊や飾りを笹の葉に吊す方も多いことでしょう。笹は生命力も強く、さらさらとした葉擦れの音が神様を招くともいわれる縁起の良いもの。こなし生地で作る笹からは、柔らかさと強さが伝わります。

笹の葉を切り分けて重ね、金箔を
散らすと趣きもまた変わります。

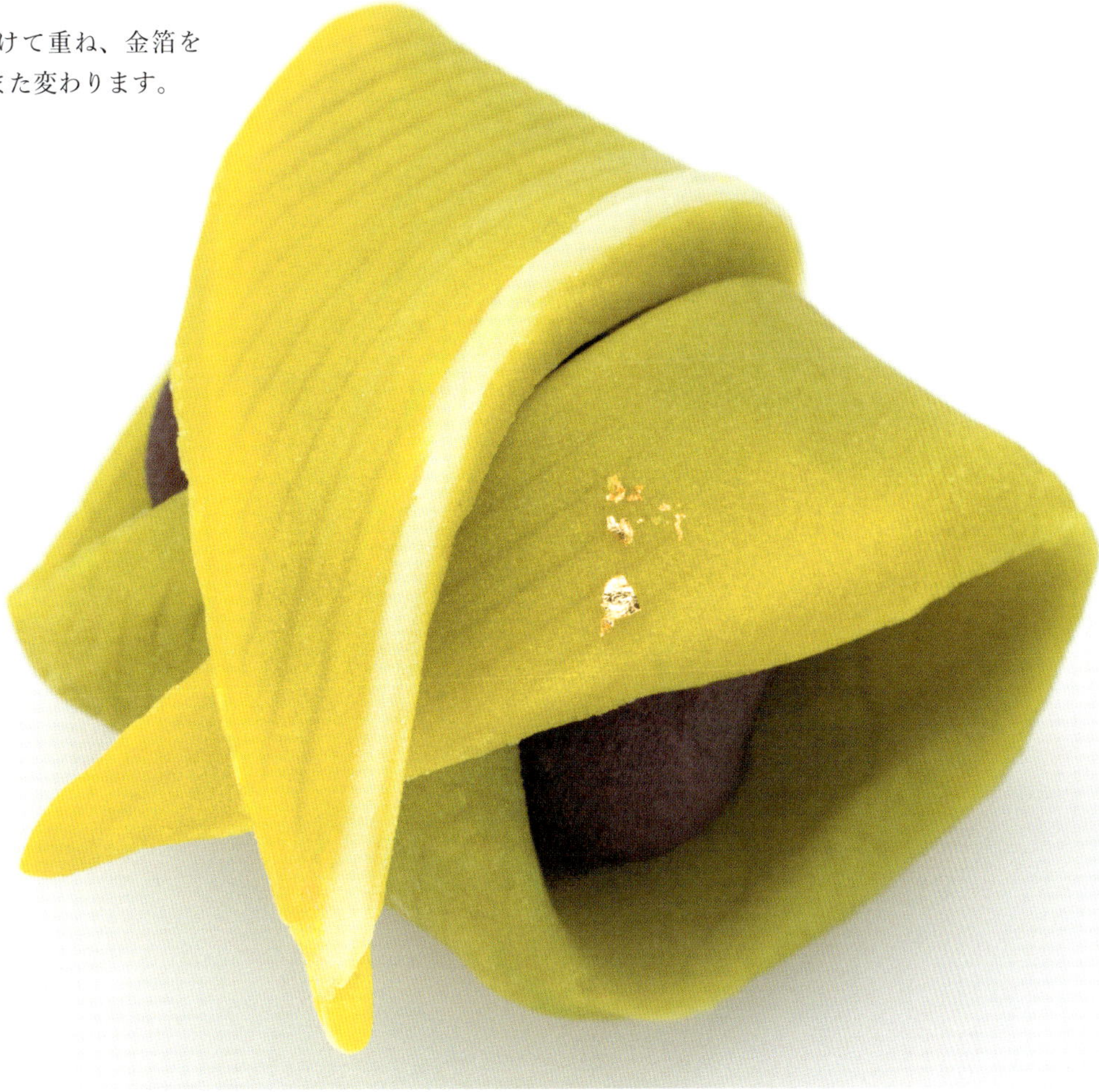

材料・1個分 ★★☆

濃い黄緑のこなし　18g
＊p122の「基本のこなしの作り方」を参照
薄い黄緑のこなし　5g
白のこなし　1g
あん　15g
シロップ（砂糖1対水2を煮溶かしたもの）
適量

作り方

1 シロップを手水とし、濃い黄緑と薄い黄緑のこなしをそれぞれ俵形にする。
2 2色のこなしを並べて軽く押し、指で境目をこすりながらぼかしてつなげ、葉の形に整える 1。
3 白のこなしを細く伸ばす 2。
4 千筋板《せんすじいた》に 3 を置き、2 の葉を載せ 3、上から軽く押さえて葉の筋をつける 4。
5 あんを俵形にして 4 で覆うように包む。

Point!

千筋板は和菓子作りの道具のひとつ。表面に細かい線状の凹凸があり、菓子に細やかな線を入れることができます。線を入れずにきれいな葉の形に整えるだけでも、笹の葉は表現できます。

1

2

3

4

七夕《たなばた》（琥珀糖《こはくとう》）

七夕の五色の短冊は、中国の陰陽五行に由来するもの。青（緑）は木、赤は火、黄色は土、白は金、黒（紫）は水を表すともいわれています。そんな短冊の色合いを、透明感のある琥珀糖に映してみました。しゃきっとした食感の甘い短冊です。

材料・シリコン型（4・5×3・5×3・5㎝）5個分 ★★☆

粉寒天　3g
水　150g
グラニュー糖（白ザラ糖）　190g
色素（青・赤・黄など）　各適量

1. 粉寒天と水を鍋に入れ、火にかけて、しっかりと煮溶かす。
2. さらにグラニュー糖を加え、中〜弱火にかけて煮詰める。煮詰め温度104℃、または出来上がりの分量の目安は約230g。
3. 5等分してそのうち4つには色素を入れて着色する。それぞれ色ごとに型に流し入れて、一晩置く。
4. 固まったら拍子木切りにして、乾燥させる。

Point!
グラニュー糖を加えて煮詰め始めると、最初のうちは吹きこぼれやすくなります。遠火にするなど火加減に注意してください。

疫病除けになるとされた「索餅《さくべい》」

小暑の初頭七月七日は七夕です。現在は七夕の行事食といえばそうめんですが、かつてはそうめんの原形であるともいわれる「索餅」が食べられていました。索餅は中国伝来の菓子で、七月七日に食べると疫病除けになるとされていました。初め一般に普及し、そののち宮中の七夕行事にも加えられたとされます。

索餅は日本で「むぎなわ」とも呼ばれます。小麦粉の生地をのばして紐状に切り、転がしながら伸ばして丸紐状にし、それをねじり合わせて揚げた縄のような形状からの名称です。索とは中国で太い縄を意味します。

この索餅がそうめんの起原だとされるのはその名前からです。古代中国では小麦粉で作ったものをすべて餅と呼び、麺は本来は小麦粉そのものを意味しました。その後、「索餅」は「索麺」と表記されるようになり、ここから「素麺」となって七夕行事に取り入れられるようになったといわれます。江戸時代には七夕にそうめんを食べることが庶民の間でも定着していたようです。

七夕は星祭の異称もあり、星を模した「星の雫」は五色のキューブ形の美しい干菓子。また天の川や笹の葉を意匠した菓子もさまざまに登場して楽しませてくれます。

索餅

大暑

太陽暦
7月23日ごろ

花火

真夏の夜空に打ち上げられた花火は、さながら華やかな大輪の花のよう。はかなく咲くその姿を6色のねりきりで表しています。6色の上に白いねりきりを重ねてぼかしていくことで、優しいトーンに仕上げました。

しずく形を互い違いに3段入れると（右）さらに華やかな「花火」に。

材料・1個分 ★★★

白のねりきり　13g
＊p66の「基本のねりきりの作り方」を参照
ピンク、オレンジ色、黄色、緑、青、紫のねりきり　各2g
白あん　13g
銀箔　少々

作り方

❶ 白のねりきりは丸めて、手のひらで直径5㎝くらいの円形に伸ばす 1。

❷ 6色に着色をしたねりきりは二等辺三角形にし、❶の上に放射状に並べる 2。両手のひらで軽く押して平らにし、中央に丸めた白あんを置いて 3 包む。閉じめを下にして丸く形を整える 4。

❸ 三角べらを使って、16等分の放射線を入れる 5。

❹ 丸棒（先が丸まった細目の棒）で表面に入れた線の間に軽くすべらせ、しずく形のあとをぐるりと一周つける 6。

❺ しずく形が一周並んだ下の部分に、下に向かって丸棒でぐるりと一周あとをつけ 7、二段になるように形を整える。銀箔を飾る。

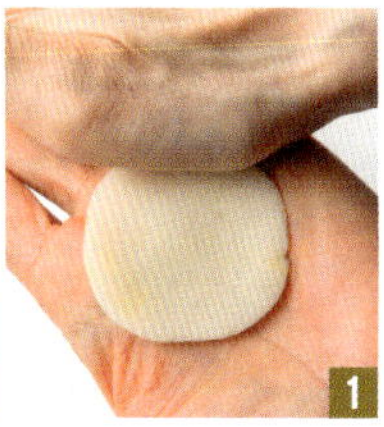

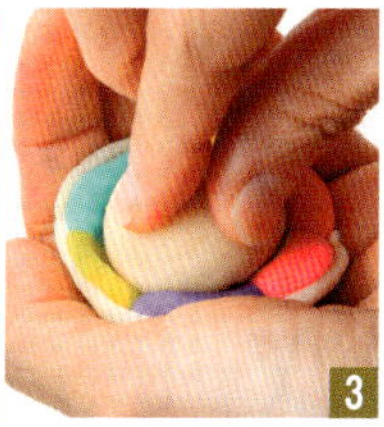

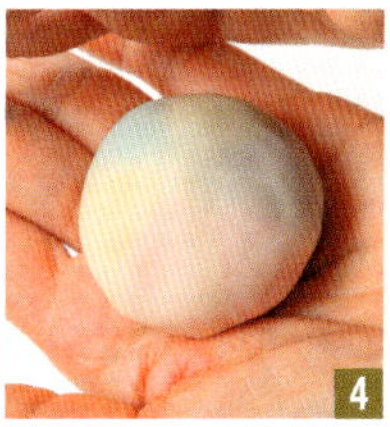

Point!

直径1㎝くらいの丸棒は、お箸の先などでも代用できます。しずく形に跡をつけるときは、表面をなでるように。深い溝にならないようにしてください。

金《きん》魚《ぎょ》鉢《ばち》ゼリー

涼し気な寒天ゼリーの中で泳いでいるのは、羊羹を型で抜いた小さな金魚。水底には甘納豆の石が転がっています。目にも口にも涼を呼ぶ一品。金魚の置き方で印象が変わりますので、いろいろとトライしてみてください。

材料・径5×高さ8㎝のグラス2個分 ★★☆

粉寒天　3g
水　250g
グラニュー糖　220g
レモン果汁　30g〜
色素（青）　適量
甘納豆　適量
飾り用の赤の羊羹　適量

作り方

1. 鍋に水、粉寒天を入れて弱火にかけ、煮溶かす。さらにグラニュー糖を加えて溶かし、ひと煮立ちしたら火を止め、レモン果汁を入れる。
2. 1の3分の1量を取り、青色に着色する。残りの3分の2量は湯せんにかけ、固まらないようにする。
3. グラスに石に見立てた甘納豆を入れ、青色にした2を静かに注ぎ入れる。室温で約10分ほど置き、表面を固める。
4. 羊羹を金魚の型で抜き、グラスの内側に貼り付けたり、3の表面に置く。
5. 2の着色していない寒天液を、4のグラスに静かに注ぐ。
6. 好みで金魚をさらに加えて、固める。

Point!

寒天は室温でも固まりますが、供する30分前くらいから冷やすとよりおいしくいただけます。

酷暑の季節と「土用餅」

大暑は夏の土用にあたります。最も暑い時期であり、梅雨明けで季節の移り目でもあることから、体調を崩さずに暑さを乗り切るためのさまざまな食養生が考えられてきました。それが土用の名を冠したうなぎ、しじみ、うどん、梅干しなどなどで、土用餅もそのひとつです。

土用餅は土用の入りの日に食べるとされます。力がつく餅と、邪気を払う赤色の小豆を用いた土用餅を食べると暑さに負けず、無病息災に過ごせるとされました。古代に宮中で暑気あたりをしないようにガガイモの葉を煮出した汁で餅を練り、それを味噌汁に入れて土用の入りに食べた風習があり、これに由来するといわれます。ちなみにガガイモの種子は漢方で強壮剤に使われます。

江戸時代に主に関西や北陸地方で土用餅の風習が広く定着したこともあってか、現在もとくに京都や金沢あたりで欠かせない土用の風習となっています。

土用餅も彼岸に食べるおはぎも餅で餡《あん》を包むあんころ餅ですが、その違いは餅にあります。おはぎはもち米にうるち米を混ぜて蒸したものを潰しますが、米粒を残して仕上げます。これに対して土用餅はもち米を用い、蒸したものを搗《つ》いてなめらかな餅状にします。

土用餅

基本のねりきりの作り方

こしあんに求肥などのつなぎを加えて練り上げる「ねりきり」。形をとどめやすいことから、細かい細工を入れるのに適した生地です。乾燥しやすいので注意してください。

材料・作りやすい分量

求肥（作りやすい分量）
白玉粉　30g
水　60g
上白糖　60g
白あん　200g

作り方

❶求肥を作る。白玉粉に少量ずつ水を加え1、粒をつぶすように伸ばす2。粒がなくなり、ひとまとまりになるようになったら、残りの水を加えて伸ばす。

❷上白糖を入れて混ぜ3、ふんわりとラップをかけて電子レンジに1分かける。よく混ぜて再度レンジにかける。生地がふわっとするまでこの作業を繰り返す4。

❸片栗粉（分量外）を敷いたバットに入れて粗熱を抜く。求肥の完成5。

❹耐熱容器に白あんを入れ、キッチンペーパーを上に置き、その8割を覆うように、ふんわりとラップをかける6。電子レンジに入れ、1分ごとに様子を見ながらかき混ぜ、粉ふき芋のような状態になるまで水分を飛ばし、火取りあんにする7。

❺❹に対して10％の❸の求肥を加えて、よく混ぜる。

❻小さくちぎり8、粗熱が抜けたらひとまとめにし9、ラップで包んで休ませる。ねりきりの出来上がり。冷凍保存可能。

❼着色をする場合は、白のねりきり少量を用意し、色素をようじの先などにつけてねりきりにつけ、揉みこむように全体に広げる。目指す色合いより濃い目になってしまったら、白のねりきりを足して揉みこむように全体に広げ、色味を薄めていく。

1

2

3

4

5

6

7

8

9

Point!

- あんは作るものによって、小豆こしあんなどを使用する場合もあります。
- 求肥の量は作るお菓子で変わります。しっかりと細工をする場合は火取りあんの10％の求肥が基本です。

＊求肥を作る際、白玉粉に一気に水を入れると粒が溶けないため、少量ずつ水を注いで、白玉粉の粒をつぶしていくことがポイント。求肥は、白玉粉1に対して、水、砂糖が倍の割求肥。余ったら、ラップをして冷凍保存可能。

秋

立秋
処暑
白露
秋分
寒露
霜降

秋の風物

立秋《りっしゅう》

秋立つともいい、暦の上ではこの日から秋が始まります。以降の暑さも「残暑」となり、手紙での時候の挨拶は残暑見舞いへと変わります。朝顔は蔓を伸ばして花どきを迎え、朝夕は蜩《ひぐらし》のかなかなと鳴く声が涼やかに響きます。

旧暦でのお盆は「旧盆」「月遅れのお盆」とも呼ばれ、八月十五日を中心として四日間行われるのが一般的です。京都では八月七日から始まり、最終日の夜は「五山の送り火」。五山に次々と火が灯され、先祖の霊を送ります。

東京深川の深川八幡祭りは「水掛け祭」の別名通り神輿の担ぎ手に沿道から水を掛ける勇壮な祭です。

処暑《しょしょ》

まだまだ暑さは残りますが、処暑とは暑さが止むという意味。さしもの夏の酷暑も少しずつ和らいできます。この時期、待ちわびた風にまつわる表現も多く、「秋の初風」は古歌に「秋きぬと目にはさやかに見えねども風の音にぞ驚かれぬる」とあるように秋の到来を告げる涼風です。

初嵐は台風期の前に吹く強い風で野分《のわき》とも。台風が多いのは立春から数えて二百十日目、九月一日頃とされ、この時期は稲の開花期にあたるため農家の厄日とされてきました。害を防ぐために風を鎮める風祭も各地で行われ、富山八尾の「おわら風の盆」はその代表的な祭です。

白露《はくろ》

ようやく秋らしい気配が加わり、草葉に露が降り始めます。その露が朝日を浴びて白く輝く様を、古人は秋への移行の目印としたとされます。白露とは露の美称です。

重陽の節句は旧暦九月九日に行われてきた長寿を願う行事で、現在は新暦で行われます。古来、奇数は縁起のよい陽数とされ、最も大きい「九」が重なるめでたさから「重陽の節句」とされたものです。

ちょうど菊が美しく咲く時期でもあり、「菊の節句」とも呼ばれます。菊の花びらを浮かべた菊酒は長生きの効能があると、この日に飲む風習もあります。

秋《しゅう》分《ぶん》

この日、太陽は天の赤道の秋分点上にあって真東から昇り、真西に沈みます。春分と同じく地球上のどの地域でも昼夜の時間がほぼ等しくなる日です。秋の彼岸の中日でもあり、前後七日間に墓参をして先祖をしのびます。

十五夜は平安時代から続く中秋の名月を愛でる風習で、中国由来。旧暦で行われるため年ごとに日付は移ります。月見団子や芒《すすき》を名月に供える習いですが、秋の実りに感謝して里芋を供えたりもすることから、「芋名月」の異称もあります。

十月一日は秋の衣更え。夏の衣類を片づけ、寒さに備えて冬物衣類が登場します。

寒《かん》露《ろ》

少しずつ朝晩の冷え込みが感じられる頃ですが、空気は澄んで秋晴れの過ごしやすい日が多くなります。朝夕は草木の葉に冷たい露が宿り、木々の葉も色づき始めて、秋はしだいに深まります。農作物の収穫が盛んになるときでもあり、里では農家が繁忙期を迎えます。

南に帰る燕と入れ違いに雁が北から渡ってくるのもこの頃。鹿児島出水市の水田地帯には真鶴、鍋鶴などおよそ一万羽が飛来し、冬を越します。

秋祭では十月九日から十一日に香川金毘羅宮の例大祭、二十二日は京都鞍馬の由岐神社の奇祭「鞍馬の火祭」が行われます。

霜《そう》降《こう》

秋は一段と深まり、朝夕の気温が下がって北国では霜が降り始める頃。山野では動物たちの冬支度も始まります。木々の紅葉は鮮やかになり、秋を惜しむように山々の頂から錦に彩られていきます。

紅葉前線がニュースで取り上げられ、各地で紅葉狩りが始まるのもこの頃です。

十五夜から一か月後の夜は十三夜です。十五夜の次に美しいとされる月を愛でる風習は日本独自のもの。栗や豆を供えることから「栗名月」「豆名月」の異称もあります。

十一月に入ると次第に秋気は去り、いよいよ冬の兆しが感じられる時期となります。

立秋

［太陽暦
8月8日ごろ］

朝《あさ》顔《がお》

朝顔につるべ取られてもらひ水（千代女）――。暦は秋を迎えたものの、残暑も厳しいころ。早朝に咲く朝顔の健気さに、ふと心が和みます。この朝顔は薄紅ですが、ねりきりの色合いをアレンジしてとりどりの朝顔を咲かせましょう。

紫や青など、白のねりきりに重ねるねりきりの色を変えれば、各色の朝顔を作ることができます。

材料・1個分 ★★☆

ピンクのねりきり　16g
＊p66の「基本のねりきりの作り方」を参照
あん　13g
白のねりきり　9g
飾り用の錦玉羹、緑のねりきりまたは羊羹　各適量

作り方

❶ピンクのねりきりとあんを丸める。

❷白のねりきりを丸めて、手のひらで直径4㎝くらいの円形に伸ばす。❶のピンクのねりきりを包んで丸めたら 1、平らにして伸ばし、❶のあんを置いて包む 2。

❸形を丸く整え、絹や薄い布を上の真ん中に載せて、中心を竹串の背で優しく押して 3、中心を窪ませ、全体の形を整える。

❹小さく切った錦玉羹と葉の形に抜いた緑のねりきりまたは羊羹をそれぞれ朝露と葉として飾る。

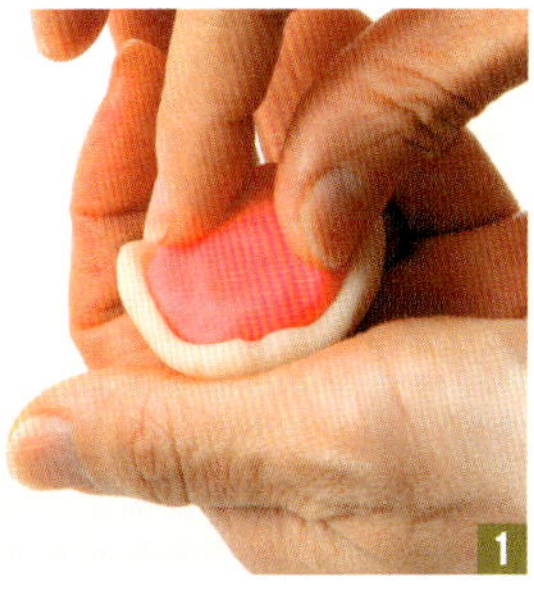

1

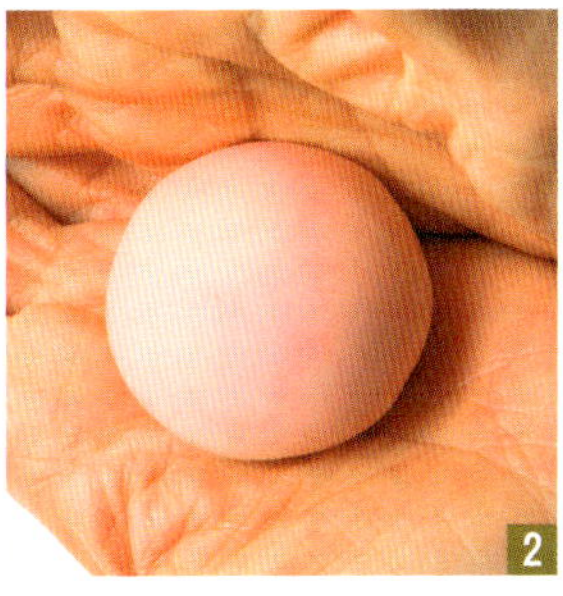

2

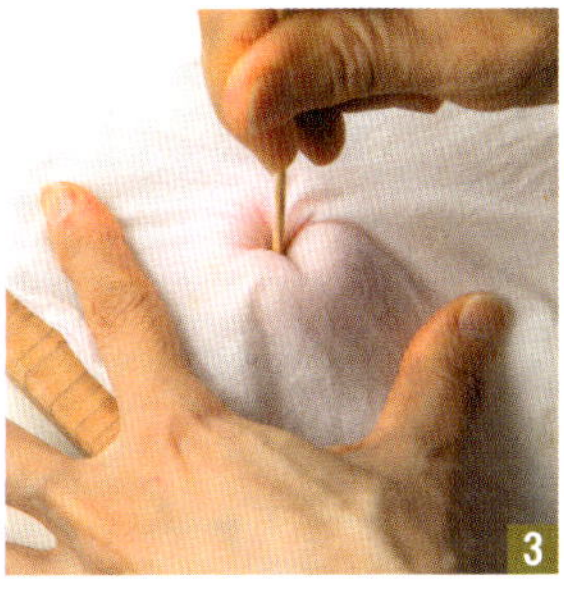

3

Point!

「包みぼかし」の手法です。最初は包むことが難しいかもしれません。まずは、直径4㎝ほどに伸ばした白のねりきりの上にピンクのねりきりを重ね、そのままあんを包むという手順で始めても。

水羊《よう》羹《かん》

老若男女に愛される涼菓・水羊羹。丁寧に作ったこしあんで作れば、格別のおいしさです。お好みのサイズにできるのも、お手製ならではのメリット。ときにはゼリーの型やカヌレ用など洋菓子のものを使ったり、大きさを変えたり。気分に合わせてお楽しみください。

材料・小さめのカップ2個分 ★☆☆

くず粉　0・5g
　水　3g
粉寒天　0・5g
水　50g
グラニュー糖　20g
こしあん　80g

作り方

❶くず粉を水で溶く。
❷鍋に粉寒天と水を入れ、中火にかけて溶かす。沸騰し、寒天が完全に溶けたことを確認してからグラニュー糖を入れて、溶かす。
❸さらに、こしあんを小分けにして入れ、再度沸騰させる。
❹❸を少量ボウルに取り、❶の水溶きくず粉とよく合わせ、❸の鍋に戻し入れる。
❺再び火にかけ、ふつふつと沸いてきたら火を止め、ボウルに濾し入れる。
❻ボウルを水につけて静かに混ぜながら45℃まで冷まし、内側を水で軽く濡らしたカップにそれぞれ静かに注ぎ入れ、冷やし固める。

Point!
くず粉少々を加えて、口当たりのいい水羊羹に仕上げました。

羊羹のルーツは羊のスープ

秋来るとはいえ、まだ暑気のただなかのこの時期、茶菓子として好まれるのはやはり味も食感も涼やかなものとなります。水羊羹はその筆頭といえるでしょう。寒天のほか葛《くず》を用いる例も多く、羊羹よりも柔らかくなめらかで、するりとした爽やかな喉ごしは格別です。

羊羹の名は中国伝来で、鎌倉時代に禅宗とともに日本に伝わったとされ、元来は羊の羹《あつもの》を意味しました。羹とは野菜や魚肉などの入った熱い汁物で、羊羹は羊肉の入った汁物を意味します。その羊肉が肉食を忌む当時の日本で小豆などの植物性材料に変わり、蒸して汁物の実にされたのではないかといわれます。

その後、室町時代になると小豆に砂糖などを加えて蒸す「蒸し羊羹」が生まれ、さらに江戸時代には天草から寒天を作ることが考案され、寒天で固める「練り羊羹」が誕生します。蒸し羊羹は日持ちがしないのに対し、練り羊羹は日持ちがするので大いに発展したとされます。

現在は蒸し物と流し物の二種の羊羹があり、前者は秋になると蜜煮の栗を入れた栗羊羹が喜ばれます。後者は練り羊羹、水羊羹などで、紅葉などの意匠を加えるものもあり、羊羹にも楽しみの多い季節であるといえます。

羊の羹

羊羹

処暑

［太陽暦
8月23日ごろ］

てっせん

その可愛らしい形や色合い。花々の上生菓子は、作っているときから思わず心が躍ってしまいます。このてっせんも、昔から多くの作り手をときめかせてきたことでしょう。薄い紫と黄色のあんもまた涼し気。

中には黄身あんを入れ、やさしい
色合いに仕上げています。

材料・5個分 ★★★

ういろう生地　150g
＊p94の「基本のういろうの作り方」を参照
色素（赤・青）　各適量
シロップ（砂糖1対水2を煮溶かしたもの）
適量
黄身あん　65g
＊p38の「黄身あんの作り方」を参照
飾り用の黄色のねりきり　適量

作り方

1 ういろう生地を作る。シロップを手水に使いながら、p94の手順5で赤と青の色素を加え、紫に着色する。片栗粉（分量外）を打ち粉にして台に広げ、麺棒で3㎜厚さに伸ばす 1。直径約8㎝のセルクルで5枚抜く。

2 黄身あんを13gずつの5等分にして丸め、1の生地に置く 2。全体が均等になるようにへらなどで6弁の花びらを折り込んでいく 3。

3 へらでひだを中に押し込み、てっせんの形に整え 4、篩《ふるい》の目から押し出した飾り用の黄色のねりきりをシベ（花芯）に見立て中央に飾る。

Point!

6弁の花びらのバランスがポイント。中心に向かってへらで生地を押し込むようにすると、ひだが作りやすくなります。

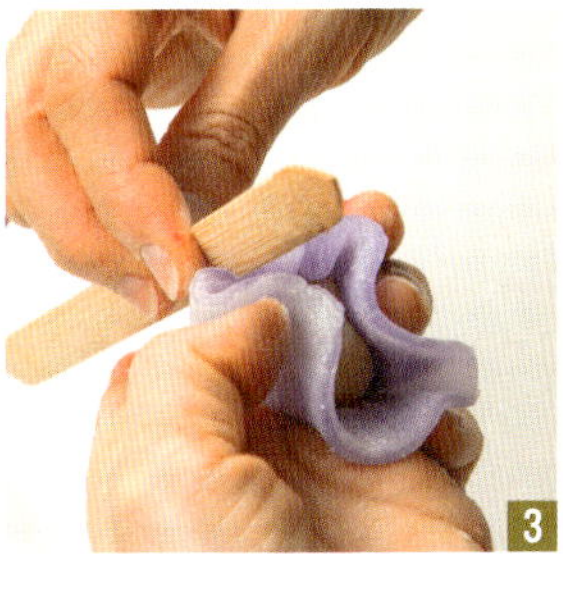

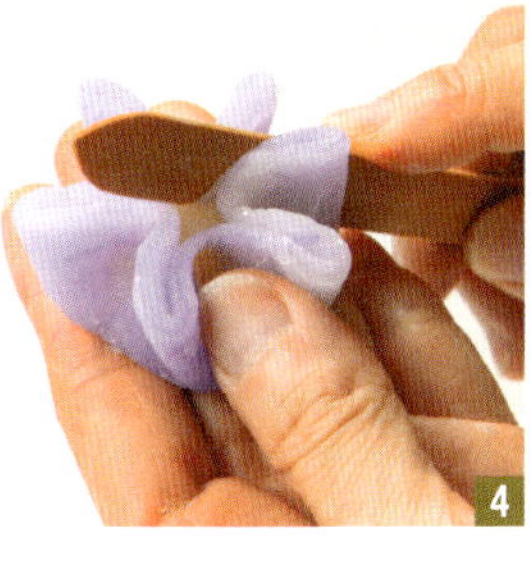

ひまわり

手のひらに載るほどの小さな和菓子。その中で、いかにわかりやすく花や風景を表現するか、デザインするかというのは永遠の課題です。真夏の太陽に向かって堂々と咲くひまわりは、丸をベースにして花びらを強調する形に仕上げました。

材料・1個分 ★★☆

黄色のねりきり　16g
＊p66の「基本のねりきりの作り方」を参照
あん　13g
白のねりきり　9g
飾り用の茶色の羊羹　適量
けしの実　適宜

作り方

❶ 黄色のねりきりとあんを丸める。
❷ 白のねりきりを丸めて、手のひらで直径4㎝くらいの円形に伸ばし、❶の黄色のねりきりを包み、丸めたら平らにする。❶のあんを包み、閉じめを下にして、形を丸く整える。
❸ ひっくり返して表面を板に当て、平らに整える。三角べらまたはへらで放射線状に約12本線を描く。
❹ 先端が丸い棒で、表面を滑らせるように、しずく型の花びらを描く。仕上げに花びらの先端をつまむ。
❺ 中心を指で窪ませ、温めて溶かした茶色い羊羹を流し込み、お好みでけしの実を散らす。

Point!

ひまわりの中央には、羊羹の代わりに茶色のねりきりを丸めて置き、格子状に線を描いて白ごまを散らしても。

葛《くず》餅、わらび餅、葛きり

残暑が厳しい候です。喉ごしのよいわらび餅や葛きりなどが好ましい季節でもあります。わらび餅と葛餅の違いはその名の示すようにわらび粉を用いるのと、葛粉を用いる違いです。いずれも根を叩き砕いて水にさらすことを繰り返し、できた澱粉を用います。前者の代表がわらび餅、後者の代表が葛きり、葛餅、葛焼きというわけです。葛はなかでも奈良の吉野葛が有名です。

葛粉に砂糖と水を加え、火にかけて練っていくと透明になってとろみがつきます。これを型に流して固め、細く切ったのが葛きり。饅頭のように餡《あん》を包んできな粉をかけるのが関西の葛餅。つるんとした喉ごしが特徴です。

これに対して関東の葛餅は小麦の澱粉を発酵させて精製したものを使用。乳白色の餅を三角に切り、黒糖の蜜ときな粉をまぶします。弾力があり、きな粉は香り高く、これが江戸っ子の好みに合って人気を博しました。

葛焼きは葛に小豆のこし餡を混ぜ、火にかけて練り上げ、四角に冷やし固めたものに粉をまぶして焼きます。

わらび餅は醍醐天皇の好物であったと伝わるほどに古くから食べられていました。浜松や名古屋などでは、わらび餅の移動販売が季節限定で見られる風物詩です。

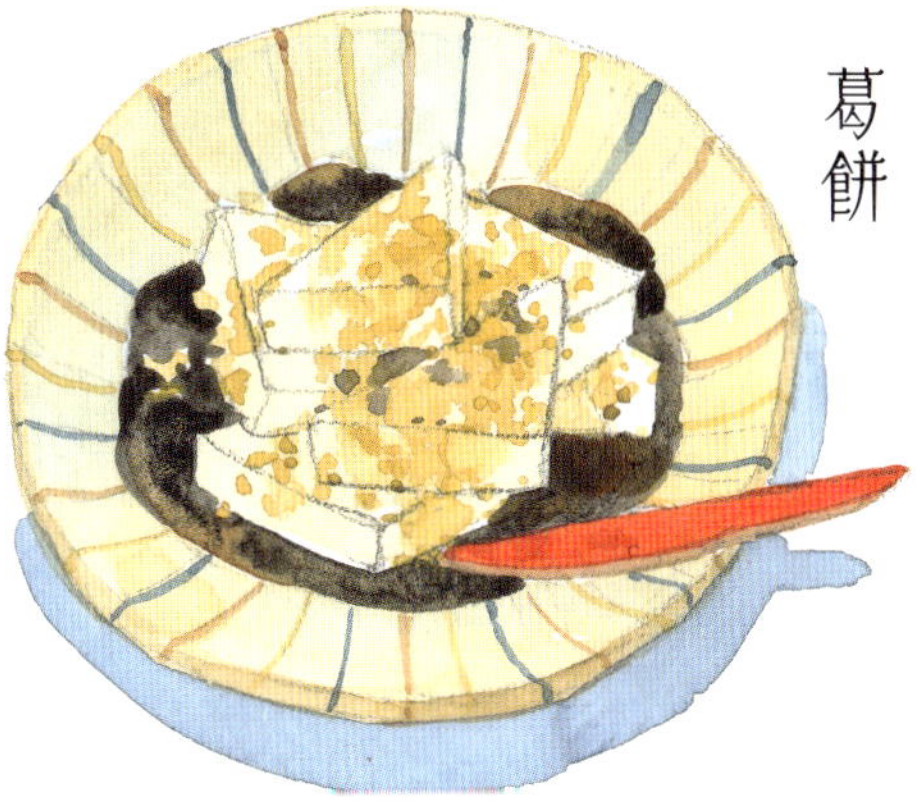
葛餅

わらび餅

葛きり

白露

［太陽暦 9月7日ごろ］

菊

秋といえば、まず欠かせないのが菊のモチーフです。丸く形を整え、鋏でひとつひとつ花びらを切り出していく「はさみ菊」は、上生菓子の中でも難易度の高い職人技。美しく完成したときの喜びはひとしおです。

「ヘラ菊」（左）もポピュラーな形です。p78の「はさみ菊」は上の段からはさみを入れ、右の「はさみ菊」は下段からはさみを入れています。

材料・1個分 ★★★

オレンジ色のねりきり　16g
*p66の「基本のねりきりの作り方」を参照
あん　13g
白のねりきり　9g
シベ（花芯）用の黄色のねりきり　少々

作り方

1 オレンジ色のねりきりとあんを丸める。

2 白のねりきりを丸め、手のひらで直径4cmくらいの円形に伸ばす。オレンジ色のねりきりを包んで 1 平らにし 2 、あんを包む。

3 丸く形を整え 3 、中央に三角べらでシベの輪郭を軽くつけ 4 上からはさみで花びらを切り出す 5 、 6 。上部は出来るだけ小さく切り、段が下がるごとに少しずつ大きく切る。

4 シベの模様が彫られた三角べらの先端に黄色のねりきりを詰めて、輪郭の中にスタンプを押すように埋め込む。

Point!

できるだけ刃の薄いはさみを使いましょう。和裁の小ぶりなはさみもおすすめです。p78でははさみをぐるりと8段ほど入れていますが、最初は3段くらいから始めてみても。

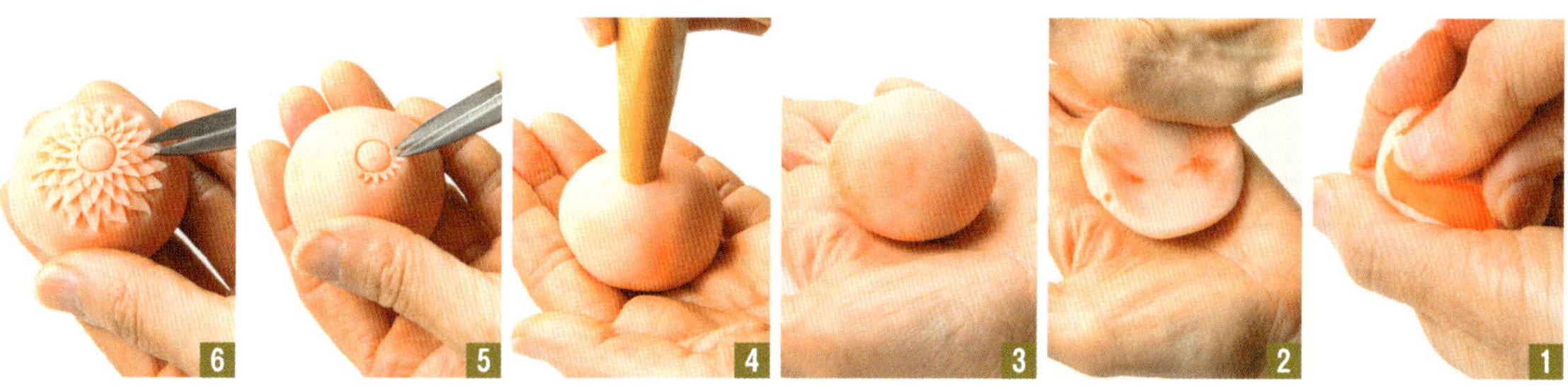

和《わ》三《さん》盆《ぼん》の菊

菊の節句ともいわれる重陽《ちょうよう》の節句。平安の貴族たちは菊花酒を飲んだり、菊にかぶせた〝きせ綿〟で体をふいて無病を願ったりしていたそうです。干菓子の中でも比較的作りやすい和三盆糖の打ち菓子で重陽の節句を祝ってみてはいかが。

材料・10個分 ★☆☆

和三盆糖　30g
水あめ　0.3g
ぬるま湯　1.2g
片栗粉　45g

作り方

1. ボウルに水あめを入れ、ぬるま湯で溶かしたら、さらに和三盆糖を合わせる。
2. カードや板で刻むように、全体をしっかりと混ぜる。手で握ってまとまるようになるまで混ぜる。
3. 片栗粉をさらしなどに包んで丸め、根元を輪ゴムで止めて打粉《うちこ》にして、打ち菓子の菊型をぱたぱたと打つ。2を押し入れ、棒や板などで軽く型を叩いて、紙の上に取り出す。
4. そのまま一日ほど置いて乾燥させる。

Point!

黄色や紅色など色のある菊にする場合は、1の水あめをぬるま湯で溶かしたところで着色します。クッキー型で作ることもできます。型に片栗粉を薄くはたき、生地を押し入れ、型から外す手順以降は同様です。

重陽の節句と菊の花

いよいよ季節は秋へと移ろいます。新暦では九月九日の重陽の節句がこの時期にあたり、菊の節句の異称通り、種々の菊の花が咲き始めます。

菊の花は種類が多く、色も形も大きさもさまざまで、それらを写したねりきり、こなし、きんとん、羽二重餅、薯蕷饅頭、最中、打ち菓子など多種多様な菊の菓子が登場し、楽しませてくれます。花弁を繊細に表したねりきりやこなしの菊は具象の極みともいえる姿で、口にするのがもったいないくらいの造形美です。また菊花を写して和三盆を型抜きしたものは見た目の美しさとともに、口中でさらりと溶けて、菊の甘い露を思わせます。

また菊は種類によって実に多彩な名が付けられ、さらに千代見草、黄金草、齢《よわい》草、霜見草、初見草など異名も多く、和菓子にその名が付されます。そうした風趣に富む菓子の銘を知る楽しみも大きいといえるでしょう。

この時期、菊の花は和え物や浸し物などにも重用されます。黄菊、紫菊など花色によって料理を華やかにしてくれるありがたい素材でもあります。古くから菊花は邪気を払うとされましたが、ビタミンB群などを多く含むなど、近年は栄養面でも注目されます。

菊の被せ綿

秋分

太陽暦
9月23日ごろ

お月様

ススキの揺れる野原から眺めるまん丸い満月。名残の蛍も飛んでいるようです——。中秋の名月といえば月見団子が思い浮かびますが、あえて上生菓子で風景を表してみました。ぼかしの手法2種を生かした一品。

さらに遊び心を加えるならば、ねりきりや雲平《うんぺい》で作ったうさぎさんたちを置いても。

材料・1個分 ★★☆

濃い紫のねりきり　12g
＊p66の「基本のねりきりの作り方」を参照
薄い紫のねりきり　12g
黄色のねりきり　1g
あん　13g
飾り用のごま　適量

作り方

❶濃い紫のねりきりは1gを取り分ける。
❷濃い紫のねりきり、薄い紫のねりきりはそれぞれ軽く揉み、俵形にする。
❸2色のねりきりを並べて上から軽く押し1、境目を指でこすり、ぼかす。
❹❸を裏返して、月を配置する場所を指で、丸く窪ませる2。窪みに黄色のねりきりを入れ3、❶で取り分けた濃い紫のねりきりをかぶせる。中央に丸めたあんを置き、包む4。
❺丸く形を整え、千筋板《せんすじいた》（p59参照）などを使って表面に筋を付ける5。セルクルを使って、ススキを描き6、ごまを置く。

Point!
千筋板がない場合は、フォークを寝かせるように持って、軽く生地に当てて線を引くか、または竹串でも代用できます。

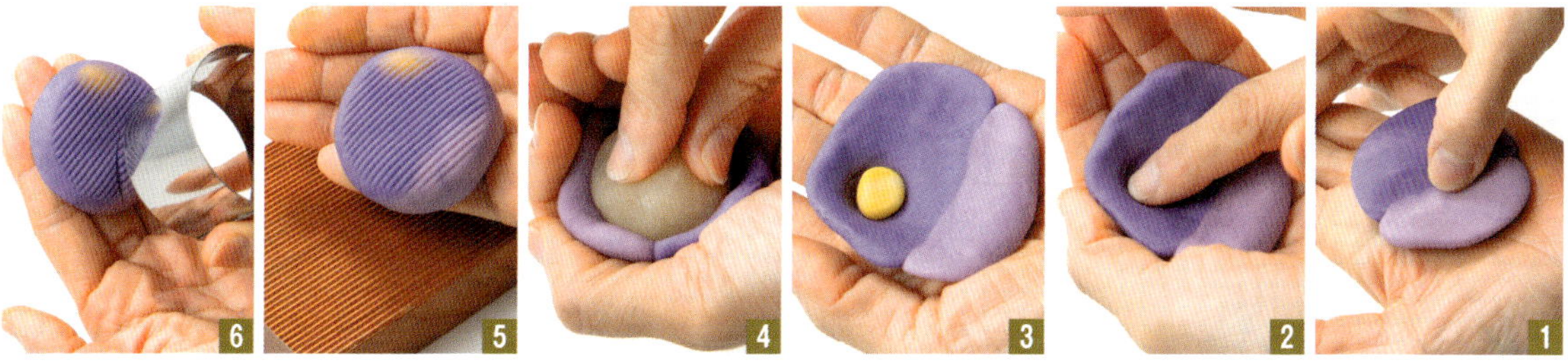

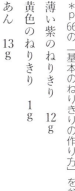

月にうさぎ（鳳瑞《ほうずい》）

卵白と寒天で作る「鳳瑞」は、和風のマシュマロのような生地。あんなどと合わせて菓子にすることが多いのですが、それだけでも独特の食感が楽しめます。白い丸はウサギに、黄色い丸はお月様に見立てて、月見団子風に並べました。

材料・シリコン型（4・5×3・5×3・5㎝）4個分 ★⯪☆

粉寒天　3g
水　150g
グラニュー糖（白ザラ糖）　190g
卵白　20g
色素（黄・赤）　各適量

作り方

❶ 錦玉羹を作る。粉寒天と水を鍋に入れ、火にかけて、しっかりと煮溶かす。
❷ さらにグラニュー糖を加え、中～弱火にかけて煮詰める。煮詰め温度104℃、または出来上がりの分量の目安は約230g。
❸ ❷を煮詰めている途中から、ボウルに卵白を入れ、泡立て始める。
❹ ❷が煮詰まるタイミングで、角がピンと立つまで卵白を泡立てる。
❺ 卵白のボウルに❷を少しずつ注ぎ、その都度泡だて器でよく混ぜる。少量取り分け、黄色の色素で着色をし、粗熱を抜く。
❻ 色別に分けてシリコン型に流し、一晩固める。
❼ 型から取り出して4㎜厚さに切り、丸型やうさぎ型の抜型で抜く。耳は丸形を切って耳の形にする。
❽ 彩りよく並べ赤の色素で目を描き、うさぎや耳を置く。

Point!

鳳瑞の作りたてはマシュマロのような食感です。乾燥するとカリカリに。涼しい場所であれば数日間は保存できます。

丸い月見団子、里芋形の月見団子

旧暦八月十五日は中秋の名月。この日家々では月見団子を作り、芒《すすき》の穂を添えて月に供え、月見をしました。団子を供えるのは江戸時代からで、ちょうど収穫期を迎える米の粉で作った団子を供え、収穫に感謝し、翌年の豊作も祈願するのが習わしです。それ以前はやはり収穫期にあたる里芋などを供えて豊作を祈る行事でした。十五夜の名月が「芋名月」とも称される所以です。

月見団子は関東では白く丸い団子であるのに対し、関西では里芋形の月見団子が伝統の形です。中秋の名月の供え物が里芋であった古い習いが関西には残っているものです。

関東の月見団子は三方に高く積み上げて供えます。団子の数は十五個。十五夜にちなんでの数です。月に見立てた団子を食べることで月の力を授かり、健康と幸せを得ることができると信じられていました。

関西では団子の生地を丸めたのち、片側だけをすぼませるように手で転がして里芋のような形に整えます。これに餡《あん》を巻きつけて仕上げます。

この時期、十五夜にちなんで月とうさぎをテーマに、さまざまな意匠の菓子も登場して楽しませてくれます。

月見団子

関東風

関西風

寒露

［太陽暦
9月23日ごろ］

錦《きん》秋《しゅう》

木々が色づき、あたかも錦の織物のような美しさを見せます。平安時代の貴族も楽しんでいたといわれる紅葉狩り。厳しい冬が始まる前の一瞬の風景を、黄色やオレンジ色のねりきりをそぼろ状にして表現しました。

ねりきりの色を変え、銀杏や紅葉の型で抜いたねりきりをつければ、黄葉にも。紅葉黄葉の２種を並べても風情あり。

材料・２個分 ★★☆

オレンジ色のねりきり　20g

＊p66の「基本のねりきりの作り方」を参照

黄色のねりきり　20g

あん　20g

作り方

❶オレンジ色と黄色のねりきりを重ねて、手のひらで押して、直径5cmほどの平らな丸にする。

❷乾いた布巾を広げ、目の粗い篩《ふるい》を置く 1 。❶を篩に載せ 2 、上から手を押し当てて、こするようにして通し、そぼろ状に濾し出す 3 。

❸あんを2等分して丸め、箸で刺して持つ。まず下の方に濾し出した❷のそぼろをつける 4 。

❹次に手のひらに❸を載せ、上部には箸でそぼろをつけていく 5 。全体の重さが40gになるまで、バランスよくつける。

Point!

ねりきりは少し多めの分量を濾すと安心です。そぼろをつけるとき、見えない部分には小さめだったり、形の良くないものを選んでつけます。見える部分には、美しい長めのそぼろを選べば、バランスのよい仕上がりに。

栗どら焼き

アニメーションの影響でしょうか。どら焼きは外国の方にも大人気です。ほんのり甘い生地にたっぷりのあんだけでも美味ですが、ほっくりした丸ごとの栗を入れるとさらに満足度アップ。黄金色の栗がまるで名月のように輝きます。

材料・5個分 ★★☆

生地
溶き卵 70g／上白糖 65g／はちみつ 10g
みりん 4g／薄力粉 75g／重曹 1・5g
水 1・5g

サラダ油 適量
栗甘露煮（市販） 5個
あん 150g

作り方

❶ 生地を作る。上白糖、薄力粉をふるう。溶き卵に上白糖を入れ、すり混ぜる。

❷ はちみつ、みりんを加えて混ぜたら、薄力粉を入れ、泡だて器でダマがないように混ぜる。

❸ 重曹を同量の水で溶き、❷のボウルに合わせ、ラップをして30分ほど寝かせる。

❹ 生地を10枚焼く。フライパンまたはホットプレートにサラダ油を引く。❸の生地をすくって糸が引くくらいの固さに水（分量外）で調整し、お玉1杯を目安に取り、中火で焼く。表面にプツプツ泡が出たらへらで返し、中心が膨らむまで裏面も1分ほど軽く焼く。

❺ バットに広げて粗熱を抜く。あんを30gずつの5等分にする。2枚の間にあん、汁気を切った栗の甘露煮1個をはさむ。

Point!

フライパンやホットプレートに油を入れてなじませたら、一度キッチンペーパーなどで拭き取って。油が残っていると、生地に油染みができてしまいます。焼き上げたら2枚セットにして重ねて置いておきましょう。

江戸っ子に喜ばれた新そば

秋そばの走りの時期を迎えます。そばは栽培時期により夏そばと秋そばとがあり、秋そばは夏にまいて秋に収穫するものです。現在はほとんどを秋そばが占め、新そばといえばこの季節の秋そば。収穫したて、挽きたてのそば粉で打った新そばは薄く緑みを帯び、香り高く、すがすがしい味わいです。「走りそば」「初そば」とも称されて、走りや初物を尊ぶ江戸っ子にはことに喜ばれました。

国内のそばの産地は北海道から鹿児島まで広がるものの、国産のそばの比率は減少を重ね、現在は三割程度といわれています。国産そばの、その走りのものとなれば、いかに貴重であるかがわかります。

そばは古くは「そば切り」と称され、江戸中期に入ると広く普及したとされます。そば粉だけではつながりにくいことから、つなぎを加えることが多く、二八そばはそば粉八割、小麦粉が二割のものをいいます。つなぎを使わない徳島祖谷《いや》のそば、ふのりでつなぐ新潟十日町のそば、そば殻をつけたままの玄そばを挽いた出雲そばなど、各地の名物そばもその伝統が受け継がれています。

十月十九、二十日には東京日本橋に「べったら市」が立ちます。大根を甘く麹漬けにした東京の晩秋の味です。

新そば

霜降

［太陽暦 10月23日ごろ］

照《て》り葉《は》

紅葉した葉が陽光を受けて輝いている、その美しい一瞬を和菓子に閉じ込めました。赤から黄色へとうつりゆく葉の微妙な色合いは、こすりぼかしという手法の賜物。和菓子だからこそできる、繊細な表現です。

さらに季節が進んで、霜が降りた枯れ葉。餅を凍らせた「氷餅《こおりもち》」を細かく砕き、雪を表しました。

材料・1個分 ★★☆

オレンジ色のこなし　15g
＊p122の「基本のこなしの作り方」を参照
黄色のこなし　8g
シロップ（砂糖1対水2を煮溶かしたもの）　適量
あん　13g

作り方

1. シロップを手水として使いながら、オレンジ色と黄色のこなしをそれぞれ俵形にして並べる。
2. 並べた2色のこなしを軽く押し、指で境目をこすりながらぼかし 1 、葉の形に整える。
3. 待ち針などで葉脈を描く 2 。
4. あんを俵形にして、3 で巻くように包む。

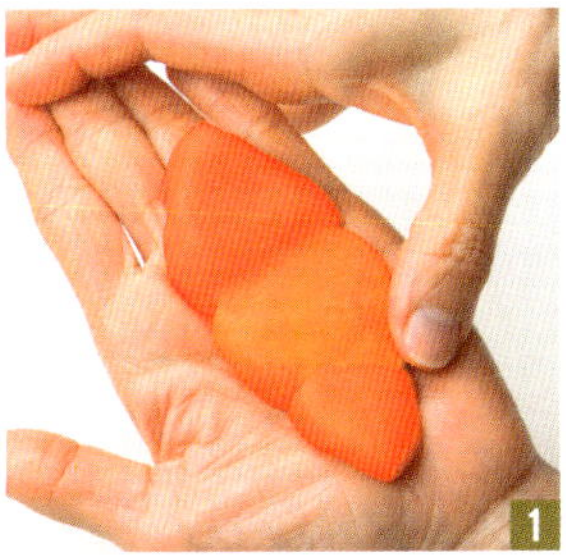
1

2

Point!

葉の色は一色ではなく、何色かをグラデーションで重ねると、色づいていく葉の色の様が表現できます。

ハロウィン

最近は和菓子屋さんでも人気のハロウィン。つやつやのねりきりでTrick or Treat!

おばけ

材料・1個分 ★☆☆

白のねりきり　23g
*p66の「基本のねりきりの作り方」を参照
あん　13g
飾り用の丸くて小さいチョコレート　2個
飾り用のピンクのねりきり　各少々
飾り用の紫のねりきり　2g
飾り用の黄色のねりきり　1g

作り方

1. 白のねりきりは1gを取り分け、残りは丸めて手のひらで軽く押し広げる。丸めたあんを包む。
2. 手のひらでしずく形にし、先端を右か左に曲げ、1の取り分けたねりきりで手をつける。
3. 竹串の背を使って、目と頬の部分を軽く窪ませ、チョコレートで目を、ピンクのねりきりで頬を作って、窪みに入れる。
4. 黄色のねりきりを丸めて平らにし、その上に円錐形にした紫のねりきりを載せ、帽子にしてかぶせる。
5. 口金を押し当てて口を作る。

かぼちゃ

材料・1個分 ★☆☆

オレンジ色のねりきり　24g
*p66の「基本のねりきりの作り方」を参照
あん　13g
飾り用の緑のねりきり　1g

作り方

1. オレンジ色のねりきりを丸めて手のひらで軽く押して4cmの円形に広げ、丸めたあんを包む。閉じめを下にして、丸く形を整える。
2. 三角べらまたはへらでかぼちゃの筋目を入れる。
3. 頭の部分を指で軽く窪ませ、緑のねりきりでヘタを作り、つける。
4. クッキー型などを利用して、顔の表情をつける。

Point!

かぼちゃの仕上げには、温めて溶かした錦玉羹をかけてコーティングしても。p100の「栗」を参考にしてください。

葉の色の変化で季節を表す和菓子

葉を用いる和菓子といえば、まず思い浮かぶのは桜餅、柏餅、ちまきなど。桜餅は大島桜の葉を塩漬けにしたものを用い、柏餅は柏の葉を、ちまきは笹の葉を用います。また掻《かい》敷《しき》として緑の葉を菓子に敷いたりもします。

では葉そのものが主役になる和菓子はといえば、夏の「落とし文」、秋の「蔦紅葉」、「竜田川」など紅葉をねりきりやこなしで表したものがあり、季節の移ろいに添って葉の色も変わります。春には浅い緑、夏には濃い鮮やかな緑、秋には黄や赤に染まった錦に、そして晩秋から初冬に向かっては紅葉も過ぎた茶色みを帯びた色にという具合です。菓子の形は同じでも、色を違えることでそのときどきの季節を感じさせてくれるのです。

きんとんも緑で春夏の草木や野山を表し、秋の山は紅葉で表すという具合。一部に葉の色を差す場合も季節に連れて色を変えていきます。つつじや桜も花色に緑の葉の色を差すことで、その花時を表すことができます。

さらに秋の紅葉を写したものとして、干菓子は実に意匠が多彩です。紅葉したもみじやいちょう、ぎんなんなどを取り混ぜた「吹き寄せ」はなかでも美しく、目を楽しませてくれるものです。

和菓子の葉の色

基本のういろうの作り方

「日本三大ういろう」といわれる名古屋、山口、徳島ではそれぞれ材料も作り方も異なります。これは米粉がベースの名古屋タイプ。

材料・作りやすい分量

白玉粉　12g
水　90g
上新粉　45g
片栗粉　10g
上白糖　90g

作り方

❶ 布巾を「空蒸し」にする。蒸し器に枠をセットし、濡れ布巾を枠にかけるように広げ［1］、蒸気が上がってから5分ほど蒸す。

❷ ボウルに上新粉、片栗粉、ふるった上白糖をよく合わせる［2］。

❸ 白玉粉を水で伸ばす。水を少しずつ加えながら、粒をつぶすように混ぜて練っていく。粒がなくなり、なめらかになったら残りの水を入れて混ぜ、さらに❷を混ぜる。

❹ ❶で空蒸しをした布巾に❸を流し込み、湯気の上がった蒸し器で20～25分ほど中火で蒸す。

❺ 蒸しあがったら［3］、布巾ごと取り出し、揉みこんで［4］、ひとまとめにする。

Point!

● 空蒸しは簡単な餅作りでも行う作業です。布巾を蒸すことで、布巾の目が蒸気で埋まり、液体を注いでも流れ出なくなります。

● ういろう生地のように餅系の粉を使ったものは保存せず、使い切りましょう。

1

2

3

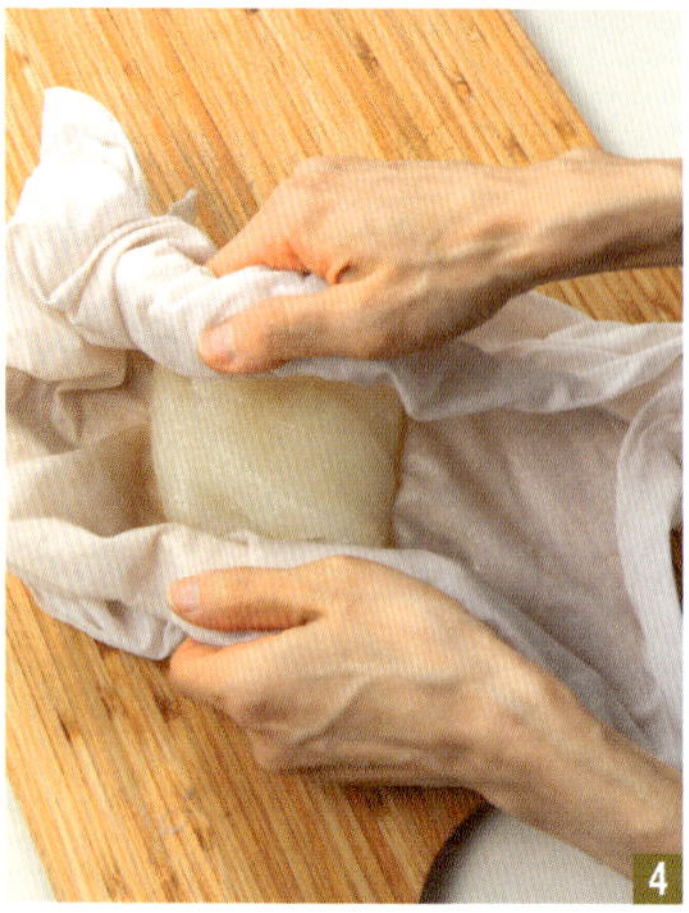
4

冬

立冬
小雪
大雪
冬至
小寒
大寒

冬の風物

立冬《りっとう》

「冬立つ」ともいい、暦の上ではこの日から冬が始まります。朝夕には冷え込む日が多くなり、冬の季節風が吹き始めるのもこの頃で、この冬初めて降る時雨は初時雨。その語感とともに冬ざれのもの寂しさを感じさせます。茶の湯では炉の季節に入り、茶花の主役は椿となります。

旧暦十月の亥の日に行われる「亥の子祭」は豊作に感謝する行事で、いのししの多産にあやかって子孫繁栄を願う意味も。

十一月の酉の日には関東各地の鷲《おおとり》神社で「酉の市」が立ち、縁起物の熊手が売られます。七五三は男三歳と五歳、女三歳と七歳のときに子どもの成長を祝う行事です。

小雪《しょうせつ》

日脚が日ごとに短くなり、北風の冷たさがはっきりと感じられるようになります。北国では雨は雪へと変わり、初雪の便りが聞かれる頃です。まだ本格的な寒さには至らないこの時期、春のような暖かい日和が続くことがあり、これを「小春」「小春日」「小春日和」といいます。またこの小春日和に桜や山吹などが時期外れの花を咲かせることがあり、これを帰り咲き、返り花などと慈しみます。

十一月二十三日は新嘗祭。新穀の味をみる意で、宮中で神殿に新穀を供えて豊作に感謝し、翌年の豊作も祈る行事です。各地の神社でも行われます。

大雪《たいせつ》

小雪から十五日目にあたり、寒さは一段と厳しくなって、いよいよ本格的な冬の到来です。北国では山々が雪化粧し、庭の樹木には雪吊りが施されます。雪害を防ぐ知恵であるこの風習は北国の冬の風物詩となっています。

年の瀬も迫ると年末年始の準備が始まります。十二月十三日は正月事始め。正月を迎える準備を始める日です。家々では大掃除を行い、神社仏閣では煤払いを行います。

各地で歳の市が立つなかで、十二月十七日から三日間、東京浅草の浅草寺に立つ羽子板市はその代表のひとつ。羽子板を売る露店が立ち並び、格別の賑わいを見せます。

冬《とう》至《じ》

一年でいちばん昼が短く、夜が長いときです。この時期を越すと次第に日脚は伸びていきます。冬が終わって春が来る、すなわち陰が極まって陽になるとして「一陽来復」の異称もあります。新年が来ることも意味し、新年の床の掛け物に「一陽来復」は好んで用いられます。

この日、風邪をひかないとして柚子を浮かべた柚子湯に入る習いで、近年は銭湯でも柚子湯を立てたりします。

大晦日から元旦にかけて寺院では除夜の鐘をつきます。その数一〇八は人間の煩悩の数であり、同じ回数をつくことで煩悩を払うとされています。

小《しょう》寒《かん》

冬至から十五日目、いよいよ季節は寒に入ります。「寒の入り」ともいい、大寒に向かって寒さは一段と厳しさを増していきます。この日より寒明けの節分までの一か月間が「寒」「寒の内」で、寒中見舞いが送り交されます。

年頭に豊作や幸いを祈願して飾られるのが小正月に飾る餅花。ミズキや柳の枝に赤や黄、白などに色づけして小さく丸めた餅や米粉の団子をたくさん挿して飾ります。繭の形に作るのは繭玉。稲の花、花餅と呼ぶ地方も。

一月十五日の小正月は正月の最後の日。左義長、どんど焼きは正月飾りを焼き上げる小正月の火祭り行事です。

大《だい》寒《かん》

一年で最も寒さの厳しい季節です。寒さは極まり、この時期にあえて行う武道や水泳、音曲などの稽古を「寒稽古」といいます。

鳥たちにとっても過酷な時期で、寒さにかじかんだように見える鳥たちは寒雀、凍《いて》雀、寒烏、凍鶴などと呼ばれます。

ふくら雀は寒さから身を守るために全身の羽毛をふくらませた姿をいい、紋所や文様にもされています。

この頃から徐々にではありながら寒さは和らいでいき、日脚も少しずつ伸びていきます。次の節気は新たな一年の始まりである立春。その前日が節分です。

立冬

［太陽暦 11月8日ごろ］

亥《い》の子《こ》餅

無病息災、子孫繁栄を願って、11月の最初の亥の日に食べるとされる亥の子餅。『源氏物語』の「葵」の帖にもその名が見られるほど、歴史あるお菓子です。背中に焼き目を入れれば、愛らしいうり坊らしさも演出できます。

生地にはごまがたっぷり。ぷちぷちとした心地よい食感です。

材料・5個分 ★★☆

ごま　5g～
こしあん（小豆）　75g
生地
蕨粉　5g
水　65g
上用粉　30g
餅粉　15g
上白糖　65g
こしあん（小豆）　15g
シロップ（砂糖1対水2を煮溶かしたもの）　適量

作り方

1 p94を参照して布巾を「空蒸し」にする。
2 ごまは温めたフライパンなどで軽く炒って、香りを出す。
3 あんは15gずつの5等分にし、丸める。
4 生地を作る。ボウルに蕨粉を入れ、まず少量の水で溶いてから、残りの水を入れて混ぜる。
5 別のボウルに上用粉、餅粉、上白糖を入れ、よく合わせる。4を注ぎ入れ、泡だて器でしっかりと合わせる。さらにこしあんを入れ、混ぜ合わせる。
6 1の空蒸しにした布巾に5を注ぎ入れ、約25分ほど蒸す。
7 濡れ布巾ごと取り出す。2のごまを合わせ 1 、なめらかになるまで布巾の上からたたむように揉む 2 。
8 シロップを手水とし、7の生地を5等分する。それぞれに3のあんを包み 3 、うり坊をイメージした楕円形にする 4 。
9 8に片栗粉（分量外）を薄くはたき、熱した焼きごて、もしくはスプーンを使って、背中の線をつける 5 。

1

2

3

4

5

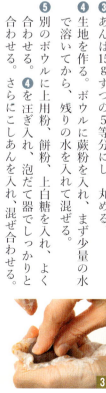

栗

フレッシュな栗と白あんで作った栗あんをこなしで包み、仕上げに錦玉羹でコーティングしました。ふっくらした上品な味わいが楽しめます。上部を引っ張ってとんがらせれば、本物の栗と見紛うばかりの形の良さに。

材料・5個分 ★☆☆

栗あん　65g　*p38の「栗あんの作り方」を参照
茶色のこなし　75g　*p122の「基本のこなしの作り方」を参照
コーティング用の錦玉羹　適量
*p125の「簡単な錦玉羹の作り方」を参照
けしの実　適量

作り方

1. 茶色のこなしを15gずつの5等分にする。栗あんも13gずつの5等分にする。
2. こなしで栗あんを包み、栗の形に整え、網の上に置く。
3. 電子レンジ対応のボウルに錦玉羹を入れ、電子レンジに数分入れて溶かす。粗熱を抜き、2の上からまんべんなくかける。
4. そのまま固まるまで待ち、けしの実を下にあしらい、栗に見立てる。

Point!

- 錦玉羹をかけなくてもおいしい一品です。
- p122では、白あんのこなしを紹介していますが、小豆あんでも作れます。小豆あんで茶色のこなしを作り、この栗に仕立てても。

亥の子祭

十一月の菓子に一風変わった名の「亥の子餅」があります。亥とはいのししのこと。その形を模した餅で、小豆や大豆、ささげなどを混ぜて餅をつき、いのししの子どもを模した形に仕上げます。亥の月すなわち十一月の最初の亥の日、亥の刻に餅を食べると万病を除けるという中国の風習に由来し、平安時代には宮中での年中行事のひとつとなっていたといわれます。

亥の神は田の神様と信じられていたことから、この風習はやがて主に西日本で田の神に収穫を感謝する祭として亥の子祭が行われるようになります。またいのししの多産にあやかり子孫繁栄をも祈願。子どもたちは家々を回って亥の子の歌を歌いながら藁束で地面を突いたり叩いたりする亥の子突きをします。地方により丸い石に縄を放射状に何本もつけ、囃し歌に合わせて空中へ引き上げては落として地面を突く亥の子突きもあります。

また陰陽五行説で亥は水の性を持つことから火を防ぐとされ、この日にこたつ開きや囲炉裏開きをし、火鉢に火を入れたりもしました。茶の湯では閉じていた炉を開く日で、この炉開きは節目のめでたい茶事とされ、茶席には亥の子餅が欠かせません。

亥の子祭

小雪

太陽暦
11月23日ごろ

木《き》守《もり》柿《がき》

熟した柿の実がひとつだけ枝に残り、冷え冷えとした冬の青空にそっと色を添えています。来年もよく実るように、自然に感謝を込めて——、そんな願いから収穫せずにそのまま枝に残す「木守柿」。日本らしい細やかな風習を上生菓子に映しました。

柿の口当たりと色合いが白あんと好相性。ヘタを茶色にすることで、ぐっと冬の趣きになります。

材料・5個分

求肥
- 餅粉 50g
- 水 50g
- 上白糖 40g
- 水飴 5g

柿あん
- 市田柿 1個（約25g）
- 白あん 50g

和三盆 適量

飾り用の茶色のねりきり 少々
＊p66の「基本のねりきりの作り方」を参照

作り方

❶求肥を作る。鍋に水と餅粉を入れて混ぜ、弱火から中火にかけ、木べらで練る。生地に透明感が出てきたら、上白糖を2回に分けて加える。その都度水15g（分量外）を加え、さらに練る。水飴と水15g（分量外）を入れて練り、片栗粉（分量外）を敷いたバットにあける。

❷柿あんを作る。市田柿の種やヘタを取り、みじん切りにする。白あんとよく混ぜ1、30分ほど室温で置く。5等分し、丸める。

❸片栗粉（分量外）を手粉《てごな》にして、求肥を1個20gの5等分する。❷の柿あんを載せて包み、丸くする2。

❹全体に和三盆をまぶす。

❺ヘタの形にした茶色のねりきりをそれぞれ載せる。

❻さらしなど薄い布を細目にきつく巻いたものを輪ゴムなどで止め、縦に持ち3、❺の上から軽く押してヘタの中央部を作る4。さらに小さな枝の形にした茶色のねりきりをつける。

Point!

市田柿は干し柿の一種。刻んで白あんに混ぜてからしばらく置くと、あんの水分により柔らかい食感に戻ります。

1

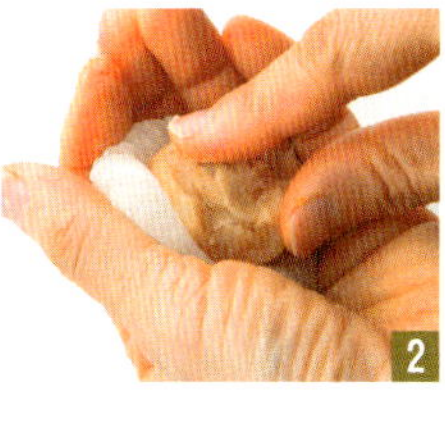
2

3

4

和のスウィートポテト

江戸時代に、女性の好きな〝芋・栗・南京〟と揶揄《やゆ》をされたようですが、このお菓子だったら、世代も男女も問わずに大喜びしてもらえるのでは。白あんをかくし味に加えたヘルシーな和テイスト。卵や粉類は不使用のレシピです。

材料・アルミホイルの菊型（径3㎝）5個分 ★☆☆

さつまいも　1本（中）
バター（無塩・有塩お好み）15g
グラニュー糖　18g
白あん　10g
牛乳　10g
バニラエッセンス　適量
ラム酒（お好み）　適宜
はちみつ　少々

作り方

❶さつまいもはぬらして、アルミホイルで包み、予熱した230℃のオーブンに30分入れる。串がすっと通るくらいまで柔らかくし、粗熱が抜けたら皮をむいてつぶす。100gを使用する。
❷ボウルに❶を入れ、バター、グラニュー糖、白あん、牛乳、バニラエッセンス、好みでラム酒を入れて、よく混ぜ合わせる。
❸❷を絞り袋に入れて、菊型に形よく絞り出す。
❹オーブントースターで焼き目がつくまで焼く。
❺表面に温めたはちみつを塗って、照りを出す。

Point!

こってり味がお好みなら、牛乳の代わりに同量の生クリームを加えても。乳製品にアレルギーがある方には牛乳を豆乳に、バターではなく白あんを25gに増やして加えます。

冬の味覚

冬の果物の王座を占めるみかんが旬を迎えます。皮が簡単にむけるので食べやすく、日持ちがよいので広く親しまれています。温州みかんはその代表。みかんは世界に千種近くもあるとされていますが、温州みかんは日本原産です。三百年以上前に鹿児島で偶然実生としてできたもので、種はなく、生食用に適することから各地に栽培が広まりました。

みかんは和菓子にも実や果汁が用いられます。最近ではフルーツ大福のひとつとして、みかんを丸ごと使った「みかん大福」も登場、人気を集めています。

果物でこの時期、特異なのが「木守《きまもり》」です。葉がすっかり落ちた柿や柚子などの木の上方に一つだけ残してある実がそれで、来年もよく実がつくようにと願う風習です。鳥のために残す意味もあり、かつてはどの里でも木守柿はよく見られ、仰ぎ見る初冬の風物詩でした。

この頃、冬の味覚の牡蠣や蟹も味を増します。日本で最も食用にされる牡蠣は真牡蠣で、栄養価が高く、生で、焼いて、揚げて、鍋でとさまざまな調理法で楽しめます。ただし天然の牡蠣は稀少で、現在市場に出回るのはほとんどが養殖の牡蠣となっています。

みかん

大雪

太陽暦
12月8日ごろ

風花《かざはな》

晴れた冬の日に、風に踊るようにちらちらと舞う雪。抒情的なこの言葉を和菓子で表現するならば、雲平《うんぺい》の生地がぴったりだと思います。雲平の名ももともとはちぎれ雲のイメージからついたもの。どこか儚《はかな》さを感じさせます。

型を変えたり、銀箔などを散らしても。洋風のスイーツのあしらいにもぴったり。アラザンなどを飾るなら、乾燥させる前につけましょう。

材料・約30個分

★☆☆

雲平の生地
寒梅粉　5g
粉糖　25g
水　3g～
色素（青など）　適量

作り方

❶寒梅粉と粉糖をよく混ぜ 1 、水を加えて揉みこんでまとめる。

❷生地がボロボロでまとまらない場合は、水を1滴ずつ加えてまとまるように調整をする。

❸生地に着色する。2色を合わせてぼかす場合は、それぞれに着色した2色をくっつけ 2 、麺棒で少し伸ばしたら 3 畳み 4 、再び麺棒で伸ばす作業を繰り返す 5 。

❹3㎜厚さくらいに伸ばしたら、雪の型などで抜き 6 、3時間くらい常温で乾燥させる。

Point!

生地への水の加え過ぎは厳禁。入れ過ぎたと思ったら、寒梅粉と粉糖各少量で調整を。

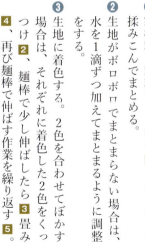

雪だるま

雪玉を転がして雪だるまを作る機会は、大人になるとそうそうないものです。ならばねりきりで、小さな雪だるまを作ってしまいましょう。溶けないおいしい雪だるま。マフラーを巻くと、ぐっと雪だるま感が増します。

材料・1個分 ★★☆

白のねりきり　23g　＊p66の「基本のねりきりの作り方」を参照

あん　5g

飾り用の青のねりきり　各5g〜

飾り用の茶色とピンクのねりきり　各1g

作り方

❶ 白のねりきりは15gと18gに分け、それぞれを丸くする。

❷ 18gのねりきりを手で押して、直径約4cmに広げ、丸めたあんを置き、包んで丸める。

❸ あんを包んだ❷のねりきりを下にして、上に包んでいないねりきりを載せ、雪だるまにする。

❹ 飾り用の青のねりきりを半量丸めて帽子の形にして、頭につける。残りの半量は長くのばして、マフラーにして首に巻く。ようじなどを使って、茶色のねりきりで目や鼻をつける。ピンクのねりきりは小さく丸めて頬にする。

Point!

雪だるまのお顔を手軽に描くなら、ごまやアラザンなどを使ってみても。

正月事始め

十二月十三日は正月事始め、事始め、正月起こしなどといい、この日から正月を迎える諸準備に取りかかります。家々では神棚をはじめ家の中の煤払いを行い、近親の間では歳暮のやり取りをし、正月飾りの松を山から切ってきたりしました。

煤払いには藁や笹のほうきが用いられ、そうじを終えた後、これらのほうきにお神酒《みき》や供物を捧げる風習もあったといわれます。

かつて宮中で煤払いの後の御献の際に出された袴腰餅は赤、白、黄の三色の餅を台形のような袴腰の形に切り、焼いて味噌をつけたものであったとされ、これを菓子としたのが袴腰餅という和菓子です。餅でこし餡《あん》を包んでいます。

事始めの餅というのは、この日に習い事の師匠の家や主家筋へ鏡餅を届けて挨拶をするというしきたりです。なかでも京都祇園の事始めは有名で、芸妓・舞妓が鏡餅を持って京舞の師匠の元へ挨拶に出向く様子は京都の年末の風物詩です。

暮れも押し詰まるといよいよいずこでも、正月のための餅つきが行われます。

煤払い

冬至

太陽暦
12月23日ごろ

柚《ゆ》子《ず》饅《まん》頭《じゅう》

冬至には柚子湯、昔ながらの風習です。この時期に旬を迎える柚子の香りは高く、邪気をよせつけないとも言われます。身体を清める禊《みそぎ》の意味合いも強いのだとか。柚子湯のあとに柚子饅頭をいただいて、一陽来復を祈ってみては。

薯蕷饅頭の生地に刻んだ柚子を加えても、香り豊かな味わいに。

材料・6個分 ★★★

柚子あん　180g
＊p38の「柚子あんの作り方」を参照
薯蕷饅頭の生地　90g
＊p124の「基本の薯蕷饅頭の生地の作り方」を参照
　柚子の皮　半個〜1個分
　色素（黄）　適量
上用粉　適量
飾り用の緑のねりきり　適量

作り方

1. 柚子あんを30gずつの6等分にして、丸める。
2. 薯蕷饅頭の生地を作る。黄の色素を溶いた水18gと山芋パウダーを合わせ、上白糖におろした柚子の皮を加えたら、p124の薯蕷饅頭の生地を作る手順と同様にする。
3. 蒸し器にたっぷりと水を注ぎ、蓋に布巾をかける。火にかけ、蒸気を上げておく。
4. 上用粉を手粉にして2の生地を15gずつに切り、1のあんを包む 1 、 2 。絹や薄い布を上にかけ、竹串の背で中央を押して窪ませる 3 。
5. 軽く霧を吹き、3の蒸し器に入れて約10分蒸す 4 。
6. 蒸しあがって粗熱が抜けたら、葉の形に抜いたねりきりを飾る。

Point!
薯蕷生地はべたつきやすいので、上用粉の手粉は欠かせません。生地に残った余分な粉は刷毛などで払います。

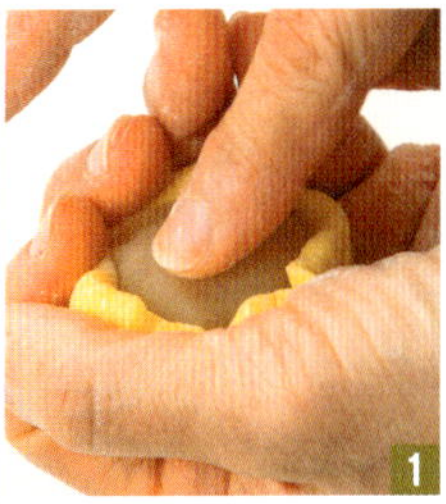
1

2

3

4

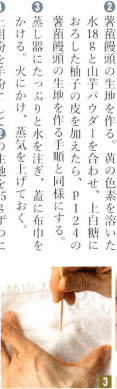

クリスマスツリー

上生菓子でもメリークリスマス！　78ページの菊と同様、はさみで生地を切る手法でもみの木を形作りました。菊に比べて、やや大きめにはさみを入れるのが、もみの木らしく仕上げるポイント。ツリーの飾りは控えめな色合いでまとめるとシックに。

材料・2個分　★★★

白のねりきり　50g　*p66の「基本のねりきりの作り方」を参照
色素（緑）　少々
あん　26g
飾り用の各色に着色したねりきり4〜5種　各1g

作り方

❶白のねりきりは2等分し、一つは緑色に着色する。
❷あんも2等分して丸める。
❸ねりきりであんを包み、三角錘に形を整える。
❹はさみで三角の上の方から切っていく。上の段は小さめに下の段は大きめにはさみを入れ、ツリーの形にする。
❺カラフルな色に着色したねりきり4〜5色は、小さく手のひらで丸めながら、針や竹串を使って、❹に飾るようにつけていく。

Point!
はさみでねりきりを切るのは難しいものですが、リズムよく、規則正しくを心掛けてください。全体ではなく、菓子の正面にはさみを入れるだけでも、可愛いもみの木に。

冬至の七草

冬至は一年で太陽が出ている時間が最も短いことから、この日を境として春に返るというので、運を呼び込むための食べ物を食べる風習が生まれました。冬至粥、冬至かぼちゃ、冬至こんにゃくなどと称され、この日はあずき粥やかぼちゃ、こんにゃくなどを食べる習いです。

　あずきは赤い色が邪気を払うとされ、こんにゃくは体内の老廃物を出して春からの新たな一年を健康に迎えられるようにと願ってのものです。かぼちゃは保存がきくため、野菜の少ない冬場に貴重であるうえ栄養価も高く、冬を乗り越えるのにはありがたい野菜。風邪の予防や体力回復に効果的です。

　冬至にあずき粥を食べるのは古代中国の風習に由来します。邪気を払うとされる赤いあずきを食べて無病息災を願ったもので、平安時代に日本に伝わりました。その後、小正月にも新たな一年の健康を願ってあずき粥を食べることが広まり、いまに受け継がれています。

　冬至の七草と称されるのはなんきん（かぼちゃ）、れんこん、にんじん、ぎんなん、きんかん、かんてん、うどん（うんどん）の七種。「ん＝運」が重なることから、運を呼び込めるというので食べられるようになりました。

冬至の七草

名称にすべて「ん」が二つずつ付いており、運を呼び込めるといわれる。

小寒

［太陽暦　1月5日ごろ］

花びら餅

お正月の茶席にも用いられることの多い花びら餅。そのルーツは平安時代の宮中の新年の催し〝歯固めの儀〟にあるのだとか。そこで供されていた料理が変化して、白い餅、紅の餅、ごぼう、味噌あんの組み合わせになりました。

白あんに薄いピンクの色をつけたあんをはさんでも。

材料・5個分 ★★★

ごぼう　½本
上白糖　50g
水　50g
味噌あん
　白あん　50g
　水　30g
　白味噌　8g〜
雪平の生地　175g
＊p123の「基本の雪平の作り方」を参照
色素（ピンク）　適量

作り方

❶ごぼうは皮をむいて10㎝の長さに切ってからたてに細く切り、柔らかくなるまでゆでる。

❷上白糖と同量の水を鍋に合わせ、火にかける。砂糖が溶けたら❶のごぼうを入れてひと煮立ちさせ、火を止め、一晩置く。

❸味噌あんを作る。鍋に白あんと水を入れ、火にかけて練る。もったりとしてきたら白味噌を加え、さらに練り上げ、火を止めて冷ます。15gずつの5等分にして、俵形に丸める。

❹手に片栗粉（分量外）を振りながら、雪平生地を30gずつ、5つに分ける。

❺❹の余り生地25gに色素少量を加えて着色し1、5gずつの5等分にする。

❻❹の生地を横7㎝、縦10㎝の楕円形に伸ばす。❺の生地も小さめの楕円形に伸ばす。❹の上に❺を重ね2、ごぼう、❸の味噌あんを置いてかぶせる3。

1

2

3

Point!

餅系の生地は手につきやすいので、必ず手粉を振ります。生地を伸ばすとき、ごぼうや味噌を置くときなど、その都度粉を払います。白味噌の量はお好みで調整してください。

繭玉《まゆだま》

柳などの枝に、繭をかたどった餅や団子をつけて飾る繭玉。地域や風習によっては、餅花と呼ぶこともあるようです。今年も繭が多く取れますように、という願いが込められた新年飾り。ご家庭で簡単に楽しめるように作りました。

材料・作りやすい分量 ★☆☆

餅　40g　＊p123の「簡単な餅の作り方」を参照

色素（赤）　適量

作り方

❶ 餅を2等分する。半量は赤い色素で薄いピンク色に着色する。

❷ それぞれを小さく丸め、姿の良い枝にバランスよく通す。

Point!

● 餅が乾燥しないうちに、手早く枝につけましょう。枝は水拭きをしておくのがおすすめ。今回はユーカリの枝を使用。

● 飾ったあとはさっと油で揚げて、塩をまぶし、揚げ餅としていただいても。

茶家の初釜菓子

寒に入り、正月行事も一段落した十日過ぎあたりから、茶家では初釜が始まります。新年になって初めて炉に釜を掛け、茶事を行うものです。年始の挨拶の茶事であり、新年最初の稽古始めでもある大事な行事です。

その初釜の席でいただく菓子のなかで、新年祝いの菓子として知名なのが「葩餅《はなびら》」です。「菱葩餅」とも「お花びら」とも呼ばれ、宮中の鏡餅の上にのせた「菱葩」に由来します。白の求肥を丸くのばし、小豆汁で紅に染めた菱形の薄い求肥を重ね、白味噌餡《あん》とやわらかく炊いたごぼうをのせて二つ折りにしたものです。

この形の葩餅は明治期に京の菓子舗「川端道喜」が紅白の餅で作ったのが始めで、近年は求肥を用います。裏千家家元では毎年、初釜にはこの菱葩餅を独楽《こま》盆にのせて用いる習いです。

表千家の初釜の菓子は常盤《ときわ》饅頭。千年変わらぬ松の緑を表す緑色の餡を包んだ薯蕷饅頭で、白い饅頭を二つに割ると緑が現れ、あたかも雪をかむった松を思わせます。

武者小路千家は「都の春」という銘のきんとん。京の春の桜と柳を紅と緑の染め分けで表した、京都の春にふさわしい美しい菓子です。

茶家の初釜菓子

表千家　常盤饅頭

武者小路千家　都の春

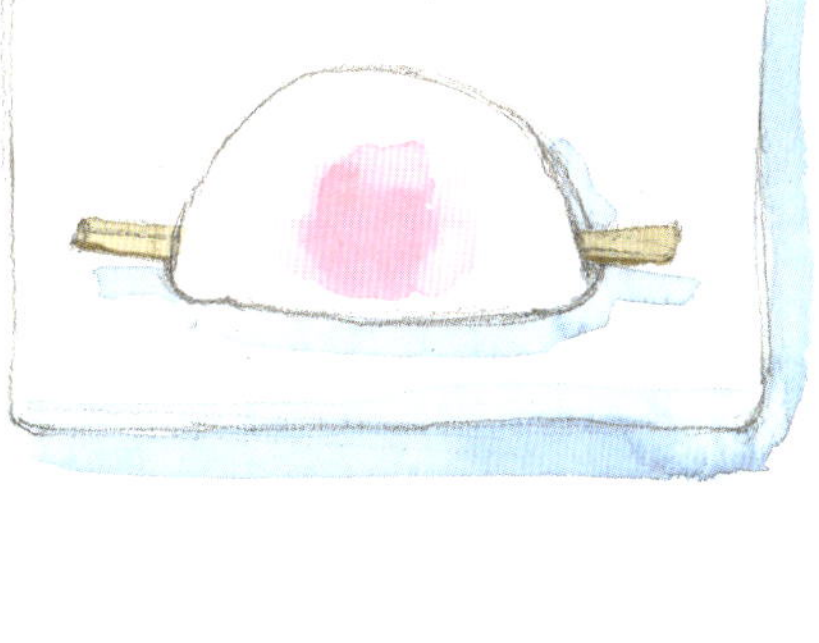

裏千家　菱葩餅

大寒

［太陽暦
1月20日ごろ］

お福さん

丸くて優しいお顔に浮かぶ微笑み。「お多福」の別名もある「お福さん」は、節分に欠かせない縁起物です。焼きごてで髪を、紅で口を描き、頬紅を入れていくのは和菓子作りのなかでも大好きなプロセスのひとつです。

口紅、チークを入れる感覚で「お福さん」の顔をお化粧しましょう。一つ一つ異なる表情も手作りならでは。

材料・6個分 ★★★

こしあん　180g
薯蕷饅頭の生地　90g
＊p124の「基本の薯蕷饅頭の生地の作り方」を参照
色素（赤）　適量

作り方

❶こしあんを15gずつの6等分にして、丸める。
❷蒸し器にたっぷりと水を注ぎ、蓋に布巾をかける。火にかけ、蒸気を上げておく。
❸上用粉（分量外）を手粉にして、薯蕷饅頭の生地を15gずつに切り、❶のあんを包んで楕円形に整える 1 。きれいな顔の形になるよう、中央を指で軽くへこませる 2 。
❹軽く霧を吹き、❷の蒸し器に入れて中火で10分ほど蒸す 3 。
❺蒸しあがって粗熱が抜けたら、熱した焼きごてまたはスプーンを生地に当て、髪を描く 4 。
❻さらにアルコール（分量外）で薄めた赤い色素をようじなどにつけ、口を描く 5 。脱脂綿に薄めた色素を吸わせ、頬にポンポンと色を付ける 5 。

Point!

薯蕷饅頭の生地を扱うときは、できるだけ優しく丁寧に。そして手早く作業をすると、生地独特の繊細な風合いを保つことができます。

福《ふく》豆《まめ》

福豆とは、節分にまく豆のこと。「福は内、鬼は外」と唱えながら豆をまく、子供たちの元気な声が聞こえるようです。ひと手間加えて砂糖を絡めれば、かりっと香ばしく、ちょっと洒落た一品に。手土産にもぜひ。

材料・作りやすい分量 ★☆☆

炒り大豆　30g
砂糖　30g
水　10g

作り方

❶砂糖と水を鍋に入れて火にかけ、完全に溶かす。
❷❶に炒り大豆を入れ、木べらなどで絡める。手を止めずに絡め、砂糖が結晶化して白っぽくなったら火を止める。
❸バットにあけて、くっつかないようにバラバラに広げて冷ます。

Point!

砂糖はグラニュー糖にすると甘さがすっきり、黒糖で作るとこっくりした味に仕上がります。黒糖の場合は、鍋に先に黒糖と水少々を入れて火にかけ、溶けて、煮詰まり始めたら、炒り大豆を加えます。全体に黒糖が絡まったら火を止め、結晶化するまでへらで混ぜます。

節分にまく豆は大豆？　落花生？

節分にする豆まきは二十四節気の始まりである立春の前に邪気を払い、新しい一年の幸運を願う風習です。中国の悪魔祓いの風習が日本に伝わったもので、大晦日の夜に行われていたものが、節分にも行われるようになったといわれます。

大豆をまくのは、「魔（ま）を滅（め）っする」に通じることと、大豆をはじめとする五穀には霊力があるとされ、その霊力で鬼を追い払おうとしたといわれています。豆打ちともいい、まく豆には鬼打ち豆、年取り豆、年の豆、福豆などの異称も。年の数よりも一つだけ多い数の豆を食べる風習もあります。

大豆に代わって落花生をまく地域もあります。北海道、東北、長野など雪が多い地方では節分の頃はまだ雪が残るため、大豆よりも拾いやすく、殻つきで衛生的だからだといわれます。

焼いたいわしの頭を柊《ひいらぎ》などの枝に通して玄関先に挿すのも節分の悪魔払い。恵方巻きは太巻き寿司をその年の縁起のいい方角に向かって食べると、一年間無病息災でいられるといい、切らずに丸かじりするのが約束です。関西の風習であったものが近年、全国に広まりました。

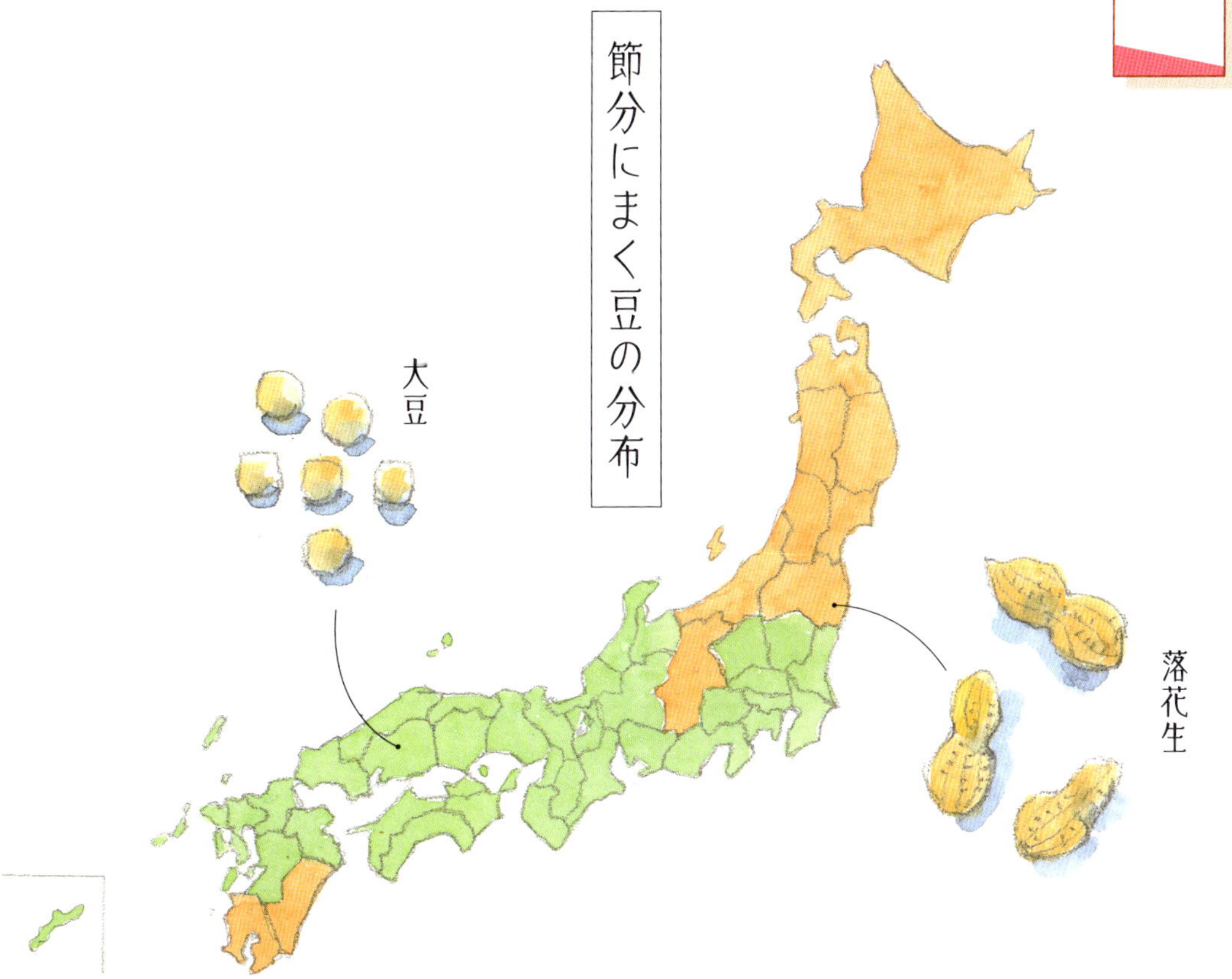

基本のこなしの作り方

関西の茶事でよくお目見えする生地のひとつ。生地を揉みこなして使うことから、この名がついたとも。もっちりとした独特の食感です。

材料・作りやすい分量

白こしあん　100g
薄力粉　10g
餅粉　12g
上白糖　12g
シロップ
（砂糖1対水2で煮詰めたもの）
適量

作り方

❶ 白こしあんはキッチンペーパーで包み、5分ほどおいて軽く水分を取っておく。

❷ 薄力粉、餅粉、上白糖をしっかり合わせ、ともにふるう。

❸ 水分が取れた白こしあんを❷のボウルに入れ 1 、粉気がなくなるまで混ぜる 2 。

❹ 蒸気の上がった蒸し器に濡れ布巾を敷き、その上に❸を置いたら、中～強火で30分ほど蒸す 3 。

❺ 蒸し器から布巾ごと出して、熱いうちに布巾の上から折りたたむように揉みこみ 4 、ひとまとめにする。シロップをつけて、均等な柔らかさになるまでさらに揉む 5 。

❻ ひとまとめにして粗熱を抜き 6 、ラップをかけて常温で冷ます。こなしの出来上がり 7 。

1

2

3

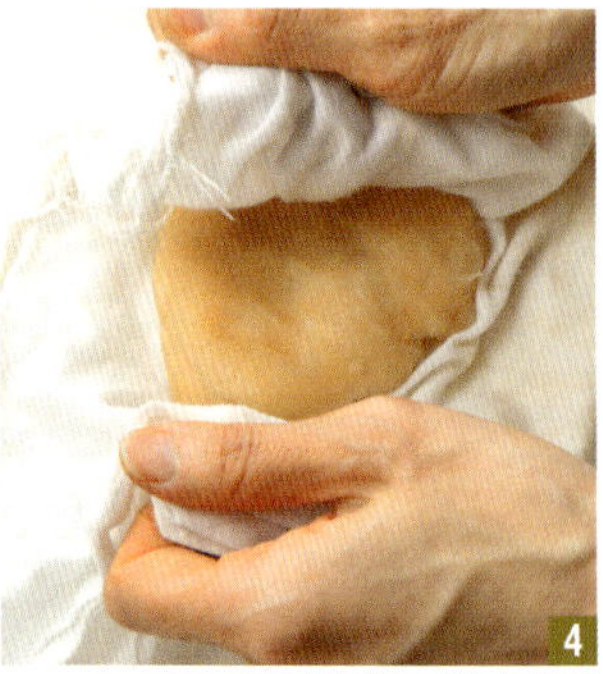
4

5

6

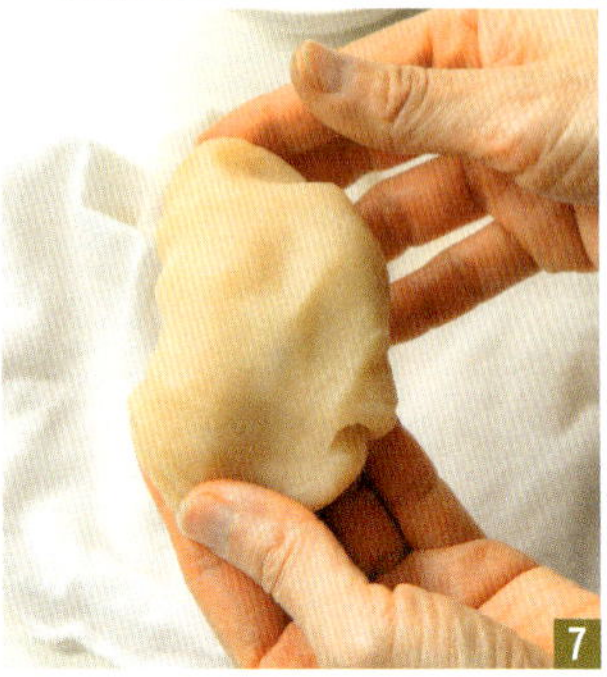
7

Point!

白こしあんだけでなく、小豆のこしあんでも作れます。保存は難しいので、使う分だけ作ることをおすすめします。

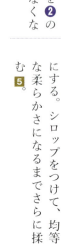

基本の雪平の作り方

おなじみの雪見大福のように、ふわふわで真っ白のお餅です。メレンゲを立てるタイミングに気を付けましょう。

材料・作りやすい分量

白玉粉　50g
水　80g
グラニュー糖　90g
卵白　20g

作り方

❶グラニュー糖を80gと10gに分ける。

❷白玉粉に少しずつ水を加えながら溶き、さらにグラニュー糖80gを加えて、電子レンジに約2分入れ、取り出して混ぜる。生地が見た目にふんわりとするまで、数回電子レンジに入れる。

❸卵白にグラニュー糖10gを2回に分けて加え、すくいあげると角がお辞儀をするくらいの7分だてのメレンゲにする 1。

❹❷に❸の半量を入れ 2、よく合わせる。残りのメレンゲを加えて、さらに混ぜ合わせる 3。ラップをして約1分電子レンジにかける 4。ふんわりしたら出来上がり 5。

Point!

砂糖を2回に分けて加えると、しっかりとしたメレンゲになります。最初は泡立てている卵白の表面にフワフワとした泡が出てきたら1回目のグラニュー糖を、2回目は全体が白くなってきてから、がベストのタイミングです。

簡単な餅の作り方

ご家庭でもお手軽に出来る作り方をご紹介します。すぐ固くなりますので、当日中にお召し上がりください。

材料・作りやすい分量

上新粉　70g
餅粉　15g
上白糖　15g
ぬるま湯　100g

作り方

❶P94を参照して布巾を「空蒸し」にする。

❷ボウルに上新粉、餅粉、ふるった上白糖を合わせ、よく混ぜる。ぬるま湯半量を注ぎ、泡だて器でしっかりと混ぜる。

❸残りのぬるま湯を注ぎ入れ、ダマにならないようにしっかりと混ぜる。

❹❶の空蒸しした布巾の中に❸を流し入れ、約20分蒸す。

❺蒸し器から布巾ごと取り出し、餅が熱いうちに、台の上で生地がなめらかになるまで、布巾の上から押したたむように揉む。

Point!

蒸しあがりの餅は熱いので、火傷《やけど》に注意をしてください。

基本の薯蕷饅頭の生地の作り方

芋の香りがふんわりと香る優しい生地です。芋の力だけで膨らますので、最初は少し難しいかもしれません。でも蒸したての味わいは格別！

材料・作りやすい分量

山芋パウダー　7g
水　18g
上白糖　50g
上用粉　30g

作り方

❶山芋パウダーを水で溶く 1（もしくは皮をむいた大和芋25gを、細かい目のおろし器で丁寧にする）

❷上白糖をふるいにかけ、❶に加え 2、麺棒ですり合わせる 3。

❸別のボウルに上用粉を入れ、❷の生地を載せ 4、ボウルを回しながら生地に少しずつ粉を入れていく 5。上用粉の9割くらいが生地に入ったら 6、バットにあけ、残りの粉をたたむように入れる 7。

❹❸を叩くとポンっという音がして 8、少量ちぎったときにスパっと切れる状態になったら 9 生地の完成。

★以後の薯蕷饅頭の基本的な手順は、15gに分けた生地にあんを包み、成形したら、軽く霧を吹いて蒸気の上がった蒸し器で10分ほど蒸します。

Point!

生地に粉を入れるとき、最初は優しく少しずつ。その後は生地の状態を見ながら、粉を続けて入れていきます。生地を固くし過ぎないよう、丁寧に確認しながら粉を生地に入れてください。

1

2

3

4

5

6

7

8

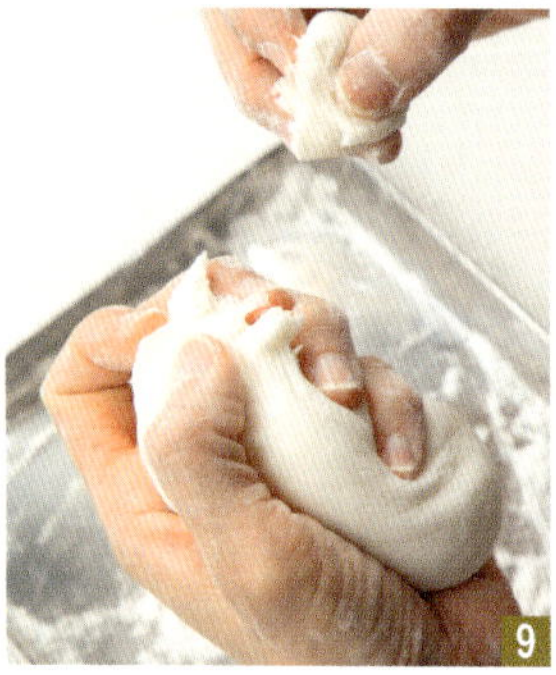
9

簡単な錦玉羹の作り方

夏のお菓子として知られる錦玉羹。ここでは上生菓子のパーツ用途としての、少量で出来る簡単な錦玉羹の作り方をご紹介します。

材料・バット（15×20㎝）1枚分

粉寒天　1g
水　80g
グラニュー糖　70g

作り方

❶鍋に粉寒天と水を入れ、弱火にかけて寒天をしっかりと煮溶かす。
❷さらにグラニュー糖を加え、中~弱火にかける。
❸へらを入れると表面が糸を引き、へらからつららのように1㎝くらい垂れるまで煮詰め、火を止める。
❹着色をする場合は、この段階で色素を加える。ようじの先などにごく少量の色素を取り、ほんの少しずつ加えながら、ほどよい色合いに着色する。
❺色ごとに型に流し入れて一晩置く。使う型などで抜く。

Point!
グラニュー糖の代わりに、白ザラ糖を使ってもすっきりした味わいになります。

簡単な羊羹の作り方

錦玉羹と同様、パーツ用、あしらい用に使う羊羹です。錦玉羹を作れば、すぐに出来上がります。色を加えるなら、白あんで。

材料・バット（15×20㎝）1枚分

基本の錦玉羹　50g
こしあん　50g

作り方

❶簡単な錦玉羹の作り方の❸の手順まで作ったら、錦玉羹と同量のこしあんを入れ、煮立たせる。
❷着色する場合は、この段階で色素を加える。
❸シリコン型やバットに❶を流し入れ、固める。

Point!
あんは白あんや小豆あん、抹茶あんなどでも作れます。

菓匠大須賀のご案内

お客様のご要望に沿ってオーダーメイドの和菓子をお作りします。本書で紹介している季節の上生菓子や饅頭、干菓子を始め、各種和菓子をご提案します。クラシックなものから、洋のテイストを加えた味わい、モダンな創作系、愛らしいアイテムまで。お好みを伺いながら仕上げるオンリーワンの菓子をお楽しみいただけます。季節の和菓子教室やプライベートレッスンも随時開催。

犬張子

伝統的な引菓子をモダンにアレンジ。お子様誕生のお祝いにご用意しました。

みかん

ねりきり製の外皮をむくと中からオレンジ香るあんが。遊び心ある一品です。

八つ橋

トッピングにはココアパウダーや抹茶、シナモンパウダーを散らして。

あんバターサンド

粒あんと厚切りのバターをはさんだ味わいは、誰からも愛される一品。

カーネーション

母の日のブーケをイメージして、ねりきりでカーネーションを咲かせています。

桜の薯蕷饅頭

小ぶりの薯蕷饅頭に桜のあんをしのばせています。お花見にも人気。

清流

初夏の清らかな川に泳ぐ鮎を映しました。雪平製。

お問い合わせ先

HP：https://www.wagashi-osuga.com

通販サイト：sanshuosuga.official.ec

Instagram：@wagashi_osuga

大須賀麻由美（おおすが・まゆみ）／菓子制作
和菓子職人、パティシエール、ブーランジュリー。東京・赤坂の日本料理割烹店に生まれる。慶應義塾大学法学部法律学科卒業。会社員を経て、製菓製パン業界に転身。アレルギーの人が食べられる食材を探す中で和菓子の魅力を再認識し、和菓子の世界へ。東京製菓学校卒業後、老舗和菓子店での修行を経て、独立。個別注文によるオーダーメイドの和菓子作りのほか、和のお菓子教室、講演、イベントなど幅広く活躍中。著書に『本格あんこが作れる本』(弊社刊)。

三好貴子（みよし・たかこ）／イラストレーション
アーティスト。水彩画家。多摩美術大学卒業。デザイン会社を経て「Afternoon Tea」で雑貨の商品開発などを手がけた後、イラストレーターとして書籍、雑誌、広告、テレビ等で活躍。1990 年初個展。以降年数回の個展「my favorite things」を開催。旅のスケッチとエッセイも執筆。各所で水彩スケッチ講座を開講。ユニセフカードはじめポストカード多数制作。著書も多数刊行している。

東京製菓学校（とうきょうせいかがっこう）／監修
1954 年の開校以来、「菓子は人なり」を教育理念に掲げ、製菓業界を牽引する多くのプロフェッショナルを輩出している製菓専門学校。和菓子・洋菓子・パンの各分野において、技術向上と後進の指導に力を注ぎ、業界の発展に貢献している。和菓子においては、日本の伝統文化の継承にも尽力している。2007 年より全国和菓子協会認定「選・和菓子職」の立ち上げを支援するなど、その指導力と影響力は広く認められている。

撮影協力　Umewaka.International 株式会社
伊那食品工業株式会社
撮影　大見謝星斗（世界文化ホールディングス）
装丁・レイアウト　三木和彦（アンパサンド・ワークス）
林みよ子（アンパサンド・ワークス）
四季の風物、菓子と食の風物原稿　松田純子
編集　露木朋子　中野俊一（世界文化社）
校正　天川佳代子

和菓子の二十四節気
おうちで作る、季節を楽しむ

発行日　2025 年 4 月 5 日　初版第 1 刷発行

著　者　大須賀麻由美　三好貴子
監修者　東京製菓学校
発行者　岸 達朗
発　行　株式会社世界文化社
〒 102-8187
東京都千代田区九段北 4-2-29
電話　03-3262-5124（編集部）
03-3262-5115（販売部）
印刷・製本　株式会社リーブルテック

ISBN978-4-418-25306-7